Z世代の取扱説明書

Z世代社長が語る
リアルな本音

株式会社ＯＭＯＣＨＩ 代表取締役
白附みくる

星野書房

はじめに

本書を手にとっていただき、ありがとうございます。

株式会社ＯＭＯＣＨＩ代表の白附みくると申します。

普段はＳＮＳでお困りの企業や個人事業主を対象に、採用や集客に関するＳＮＳの発信方法をお伝えしています。

そして現在は、株式会社ＯＭＯＣＨＩを創業し、企業とＺ世代を中心とする若手層との架け橋となる活動に力を入れています。


わたしは２０００年生まれのＺ世代です。こんな若造のわたしが、出版することになるとは夢にも思って

いませんでした。

これまでさまざまなお仕事をさせていただきましたが、もともとは「あれがしたい、これがしたい」といった欲がない人間です。

でも、２０２２年くらいから「何かを後世に残したい」と思うようになり、その手段として出版という方法を考え始め、まわりに「出版したい！」と話していたところ、お世話になっている方からのご縁で出版の機会に恵まれました。

いざ出版が決まり、「いまの等身大のわたしが世の中に与えられるもの、届けられるテーマって何だろう？」と考えた末に思い至ったのは、まさに企業とZ世代との架け橋になる書籍を世に出すことでした。


Z世代と呼ばれる人たちが、日々どんなことを考え、どんな生態で、どんなふうに扱ってもらえたらやりがいをもって仕事ができるのか。

わたしたちZ世代について知ってほしいこと、「Z世代

のリアル」をこの一冊に詰め込もうと思ったのです。

少し自己紹介をさせていただくと、わたしの最初のお仕事は、14歳で始めた雑誌のモデルでした。はじめて出演したイベントのとき、Ｔｗｉｔｔｅｒのフォロワーは1万人ほどいたのですが、肝心の売上であるチケットは6枚しか売れず…。甘くない現実を突きつけられたことが、いまでも忘れられません。

その後、ファンになってもらい、さらに「この人から買いたい！」と思ってもらうにはどうすればいいのかを考えて、ライブ配信やさまざまな発信を試したわけですが、この経験が現在のＳＮＳのお仕事をさせていただいている原点になっています。

ＳＮＳのなかではキラキラしていたわたしでしたが、リアルでは引きこもりでした。中学は半分ほどしか登校せず、高校は通信制を選択し、専門学校に通いながらモデルのお仕事をしていたのです。

卒業後、海外の人に着付けをしているある日本人の方に会いたくて、高校時代に貯めたバイト代を使ってオーストラリアにワーキングホリデーすべく渡航。弟子入り修行の末、帰国して19歳でフリーランスの着付け師として独立し、Ｉｎｓｔａｇｒａｍで集客しつつ、飛び込み営業もしていました。

ところが、「法人化してお店を持とう！」と思った矢先に襲ってきたのが、コロナ禍でした。着付け業のメインであるインバウンドのお客様の仕事がなくなり、泣く泣く撤退することに…。

その後、社会人として企業に勤めてみたいと思っていたところ、とあるエステサロンの自社化粧品・商品開発部からお誘いいただき、就職しました。

その企業では、商品企画から販売導線、マーケティングなど、本当にさまざまな経験をさせていただく一方、上司とうまく折り合いをつけられずに悩んでもいました。

二回りほど年上だった当時の上司は、感覚も考え方もまったく違いながらも、わたしを大切に考えてくれていました。わたしを苦しめたいなんてまったく思っていなかったにもかかわらず、うまく関係を築けなかったのは、わたし自身に原因があったのではないかと思います。退職するまで、自分をポンコツだと感じていました。

仕事で悩んでいるZ世代の人たちは「会社に行きたくない」と思いながら働きたくないはずですし、企業側もそんなふうに思いながら働いてほしくはないでしょう。

でも、ちょっとしたボタンのかけ違いで、関係性が崩れてしまいます。さらに転職も当たり前になっているので、すぐにやめてしまうのです。

企業側や上司の立場にある方々も、若手層を大切に思っているはずです。

だからこそ、**コミュニケーションのずれや扱い方ひと**

つで、結果が大きく変わってしまう現状を、どうにかしたいと思いませんか？

わたしは、Ｚ世代にもっともっと活躍してほしいと願っています。そして、企業側にもＺ世代を活かしてほしい。これが、本書を書こうと決めた最大の想いです。

とてもありがたいことに、わたしは人に恵まれています。

素晴らしい経営者の方々と触れ合うなかで、畏れ多いことに、「優秀だね」と言っていただけることもあります。

でも、実際には、不器用で頭が切れるタイプでもありません。

まわりの方々が、わたしをうまく引き立ててくださっているのです。

いま、仕事に対して前向きに取り組むことができているのは、まわりの方々のおかげでしかありません。

一方でわたしたちＺ世代にも、優秀な人がたくさんいます。

そんな人たちがご縁に恵まれれば、もっとイキイキと活躍できるでしょう。

才能を持ちながらもうまく発揮できていない人たちを上手に扱うことさえできれば、企業にも世の中にも役立つ人材を増やしていけるのではないでしょうか。

わたしも、2倍ほど年齢の高い経営者の方と、世代を超えて一緒に仕事をしています。これからの時代を生き抜くには、Z世代の感覚だけでも、先輩方が積み重ねてきた経験値だけでも難しいでしょう。

この2つを掛け合わせることが、これからの時代には必要なはずです。

わたしたちZ世代も、目上の方々に対して「うるさいな…」と思うのではなく、尊敬の気持ちを持ってその知識や経験をしっかり学ぶべきです。

同じように、先輩方も、「Z世代だからなぁ…」と思うのではなく、若手の発想に耳を傾けてみませんか?

ネットリテラシーなどの分野では、わたしたちの意見がお役に立てることもたくさんあります。

「仕事にやりがいがない」「人生に対してやる気が出ない」

と悩んでいるまだまだ未熟なZ世代をうまく扱っていただければ、とても素晴らしい未来が開けるのではないでしょうか。

多額の採用コストをかけながら、とくに若い年代の定着率に悩んでいる企業は少なくないはずです。平均年齢が上がっている企業も多いことを考えると、現状をどうにかしなければいけません。

本書が、若手層・Z世代をもっと活かす一助になれば、本当にうれしく思います。

今回の書籍では、わたし個人の意見ではなく信憑性のあるデータを入れたかったので、SNSを使ったZ世代向けアンケートも実施しました。

仲のいいインフルエンサーにも協力してもらい、同世代の生の声を集めています。

ぜひ参考にしていただければ幸いです。

2024年1月　白附　みくる

Z世代の取扱説明書　Z世代社長が語るリアルな本音――目次

第2章

「大人」が見ているZ世代、本当はどうなの？

第3章

16万人のアンケートから見えた！ Z世代の実態

第4章

Z世代の取扱説明書～3タイプ別ほめ方・叱り方～

第5章 管理職へ贈るZ世代の取扱説明書

装丁写真　藤谷勝志（Studio Flower）
装丁　谷元将泰（谷元デザイン事務所）
本文デザイン・DTP　宮島和幸（KM-Factory）
図版・イラスト　星野書房デザイン室
編集　星野友絵・小齋希美（星野書房）
編集協力　牧内大助・牧内菜津子（星野書房）

第1章

Z世代当事者から見た「Z世代」

これからの企業・チームに必要なこと

――世代の壁を越えて協力するのが不可欠

あるとき、とてもお世話になっている経営者の方が、
「我々40代以上の人では、どうがんばってもＳＮＳネイティブ世代には敵わない。若い人たちの話を聞けなければ、終わってしまう」
とおっしゃっていました。さらに、こんなことも力説されていたのです。
「若い人から学ぼうと考えない企業は、絶対に廃れていく。大企業なら別だが、中小企業が従来のものにしがみついて事業を行っていてはいけない。そんななか、若手の意見を取り入れないようでは、すぐにお払い箱になる。自分の意思をしっかりと持ち、一生懸命に仕事をしている若い人たちの意見を取り入れることは学びにもなるし、一緒に知恵を出し合うことで、きっと相乗効果が生まれるはず」

わたしはマーケティングやビジネスにおける新しい発想は、よほど天才でないかぎり、場数や経験値に勝るものはないと考えています。

わたしたちZ世代は、「SNSやネットリテラシー」に関しては絶対に負けない自信があるものの、経験や知恵では、上の世代の方々にまったく敵いません。

だからこそ、**経験値や知恵の部分は一緒に取り組み、教えていただきながら、お互いに協力し合える関係を築けるのがベストです。**

双方が寄り添い、尊敬し合いながらお互いの意見

「SNSやネットリテラシー」
は自信があるZ世代

を尊重すれば、よりよい物をつくっていけるのではないでしょうか。

若年層だけで運営している会社ももちろん素晴らしいのですが、年長者の意見も取り入れて事業に活用するのは、大きなプラスになります。

同じ人生経験しかない人たちだけよりも、さまざまな世代の人と一緒に仕事をできたほうが、間違いなく伸びていくでしょう。

上の世代の方々も、わたしたちZ世代の人たちも、世代を超えて協力し合おう、と思える人が増えれば、日本はもっとよくなるはずです。

本章では、「わたしが見てきたZ世代」について解説します。実態を知っていただければと思います。

Z世代は高望みをしない？
——「無理なものは無理」と切り替えが早い

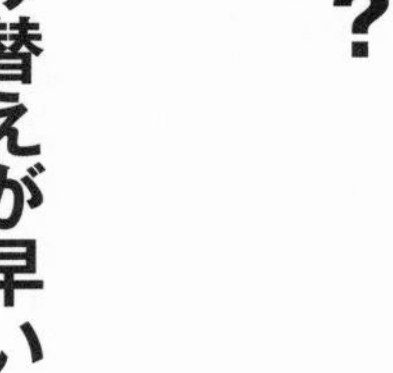

ここ最近、10代、20代の声を聞く機会が増えています。

たくさんの悩みを聞くなかで思うようになったのは、若者の声を世の中へ届ける代表者になりたいということです。

多くの企業も、若手の声を取り入れて活躍してほしいと思っているはずですが、若者の「生の声」が届いていないのではないでしょうか。

実際に「悩み相談」をＳＮＳで実施すると、10代、20代の人たちから「夢の見つけ方がわからない」「やりたいことを、どう見つけていいかがわからない」「仕事やお金への欲もないし、何のために生きているのかわからない」といった声を聞くことが多いのです。

わがままに映るかもしれませんが、**会社に縛られたくない、自分の時間もほしい、高い収入は望まず最低限生活できればいい、という声が目立ちます。**

最近、わたしが講師を務めている専門学校の授業で、学生たちに「社会人になったら、最低でもどれくらいのお給料がほしい？」と質問しました。

するとみんな、「月15万円あればしあわせ」と言うのです。

わたしは驚いて、「本当に？　１ＬＤＫのマンションでひとり暮らしをすれば、15万円じゃ足りないよ」と投げかけたところ、「ひとり暮らしができるなんて、いいなぁ…」

月15万円あれば十分？

という反応が返ってきました。

また、わたしのＳＮＳをフォローしてくれている生徒が、「この間、おいしそうに食事をしていましたね。うらやましいな…」とも言っていました。

わたしが「おいしいものを食べたいと思っているやん」と言ったら、「食べたいけど、欲を言ってもどうせ叶わないし…」との答え。どうも「叶わない欲を持つよりも、もっと現実を見ろ」とずっと言われて育ってきたようです。

ところが、みんな「ほしい」と思っているものはたくさんあります。化粧品もほしい、毎月マツエクにも行きたい。それなのに「足りないから、それをいかに安くできるかを考えるしかない。どこを節約できるかばかりを考えてしまう」とのことでした。

「いまの若者たちがこんなことを言っているのなら、将来はどうなるのだろう」と、とても怖くなってしまいませんか？

もっとも、「月に15万円あれば十分」と言っている学生たちも、「本当はほしいものがあるのに、考えないようにしている」という印象を受けます。

好きな人と結婚し、一緒に暮らしていくのが理想なものの、自分には無理だろうと思っているのでしょう。

実際、結婚となると、どうしてもお金の話が出てきます。女性は「早く結婚したい」「旦那さんの収入で暮らしたい」と願う一方で、男性は「給料が低いから自分で精一杯」「奥さんまで養うのは無理！」と言う人が多いのです。

キャリアアップとともにお給料は少しずつ上がっても、税金や社会保険の負担が増えているので、手取り額が数年変わらず生活できない、という話をよく聞きます。

彼らの楽しみは、いかに安くクオリティの高いものを見つけられるか、といった部分が大きいと感じます。コストパフォーマンスを重視する世代なので、お金を使わずに満足できるものを手に入れることが楽しみになっているのでしょう。

いい意味でも悪い意味でも頭の回転がよく、切り替えが早いのがZ世代です。

「どうしよう…」と悩むよりも、「無理なものは無理だ、次へ行こう」と諦めも早いので、「コツコツと努力していこう」と考えている人は少ないかもしれません。

切り替えが早いZ世代

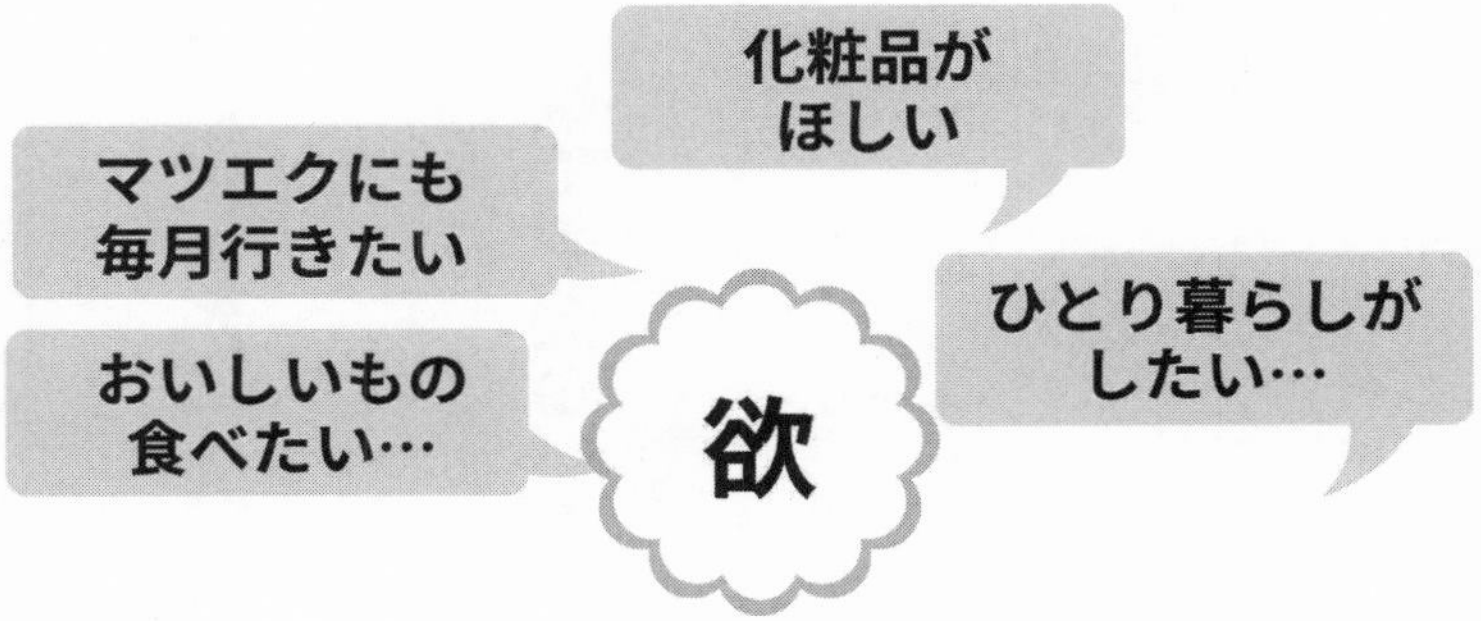
化粧品が
ほしい
マツエクにも
毎月行きたい
おいしいもの
食べたい…
欲
ひとり暮らしが
したい…

「どうしよう…」
と悩むより

「無理なものは無理、次へ行こう」
と切り替える

頭の回転がよく、切り替えが早い

「ギラギラした」人たちもいる？
——両極端で中間がいないのが、Z世代

Z世代のなかには、「ギラギラ」している人もたくさんいます。

ギラギラしている人とそうでない人が両極端で、「中間」がいないのが、Z世代の特徴のようです。わたしのまわりの「ギラギラした」人の多くは、学生のときに起業して会社を持っています。

ブランド品を身につけて派手な車に乗り、文字通り「ギラギラ」しています。

おそらく、企業が本当に採用したいのはこちらの人たちなのでしょう（ギラギラ

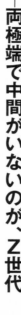

はさておき、優秀なので）。

でも、まわりにいる経営者の友人たちは、一度も就職したことがありません。「別に就職しなくてもいい」と思っているので、逆に彼らは企業を必要としておらず、なかなか入社してはくれないでしょう。就職を希望するのは「ギラギラしていない」層の人たちなので、「いまの若者は欲がない…」と言われてしまうのです。

もちろん、後者のほうが圧倒的多数です。

「ギラギラしていない」同年代の人たちには、それなりにいい会社、有名な会社へ就職できたらそれでいいかな、と思っている人が多く見られます。自分が会社でしたいことよりも、会社の名前に惹かれて就職しているのでしょう。

知人が、有名な会社に就職した1~2年目の社会人たちと話したときに、「まったく目標がないので驚いた」と言っていました。とにかく言われたことだけに取り組んで、これからその会社で自分がどんなキャリアを積んでいきたいか、どんな人生を歩んでいきたいかをまったく考えていなかったそうです。

2023年現在、わたしの同級生は大卒なら2年目なのですが、同級生たちに「働いてみて、どう?」と聞くと、「まあ、とくには…」と返ってくるので、淡々と日々の仕事をこなしているようです。

さらに、「これからどうするの?」と聞くと、「いまはとりあえず、このままでいいかな」と返ってきます。すでに何回か転職をしている人もいますが、「楽に生きたい」「お金は少なくてもいいから、時間があって、ストレスがなくて、上司から文句を言われない環境にいられたらいいな」という返答です。

「どうしてその会社にしたの?」と聞くと、とくにその仕事が好きだったわけではなく、「アルバイト経験があるから楽だし、シフトもきちんとしているから、なんとなくいいかなって思った」とのことでした。

こういった人は、早々にやめてしまうでしょう。

そもそも、売り手市場で20代を採用したい企業がたくさんあることをわかっているので、「合わなければ別のところへ行けばいい」と考えているように見えます。

このように、ギラギラしている人、あっさりしている人、両極端のタイプが存在しているのです。

Z世代もいろいろ

Z世代の得意分野や嗜好って何？

――デジタルに強く、カタカナが好き

デジタル化が進んでいる昨今、若手層のＩＴ関連の吸収力がとても素早いことは間違いありません。Ｅｘｃｅｌにしてもスプレッドシートにしても、一度教えると何でもできてしまいます。

未経験のＺ世代の人に「こうやってやるんだよ」と伝えると、「あ、ＯＫです、わかりました。ありがとうございます」という感じで難なく使えます。

上の年代の方々が苦戦することの多い分、Ｚ世代は本当にデジタルに強いな、と

実感しています。

わたしも企業に勤めるまでまったくパソコンを触ったことがなかったのですが、すぐに使えるようになりました。その点はＺ世代の強みなので、企業側がうまく活かせば即戦力になるでしょう。

いい意味でこだわりが強く、発言できる場さえ与えれば自分の意見を言えるのも、Ｚ世代の特徴のひとつです。

わたしがＴｉｋＴｏｋ運用の講師をしているとき、「みんな、これどう思う？」と尋ねると、少し空気を読むところもあるのですが、「〇〇なので、わたしは違うと思います」「こっちとこっちなら、絶対にこっちのほうがおもしろいと思います」と決めることができます。

きちんと意見を出しやすい場や環境をつくれば、とても活躍できるのではないかと、わたしは感じています。ですから、わたしが講師をするときには、「講師です」という雰囲気を出すのではなく、みんなと恋バナをしたり、近況を話したりして場

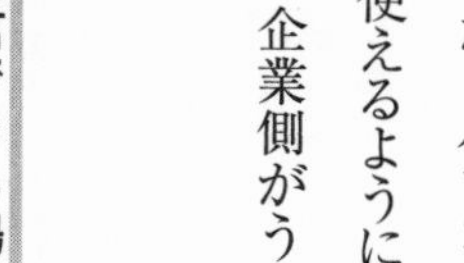

デジタルに強い！

を和ませてから始めます。そうすると、だんだんいろいろな相談をしてくれるようになりました。

Ｚ世代は、カタカナ言葉、かっこいい言葉が好きです。

たとえば友人の会社は、名刺に入れる役職名を自分で考えさせるそうです。

入社したばかりの社員でも「ゼネラルマネージャー」といった名前をつけてもいいけれど、その代わり肩書きを決めたらその責任を背負う覚悟で取り組んでほしい、と伝えたところ、責任感を持って取り組む人が増えて、離職率が減ったそうです。

とくに「マーケッター」「マネージャー」といった肩書きが好きで、「マネージャーの役職をつけるなら、この会議には絶対参加だよ」と言うと、「いまの自分ではまだまだなので、数ヵ月経ったらそうなれるようにがんばります！」と、意欲的に仕事に取り組む人も増えているとのこと。

かっこいい肩書きと、役割を与えることが、Ｚ世代をやる気にさせるひとつの方法なのかもしれません。

Z世代が大切にしている価値観は？

――他人の目を意識し、美しさを大切にする

ある経営者の方が、「いまの若手層は、40代、50代と違って、表立って人の悪口を言わないね」と言っていました。

たとえば、「Aくんって、こんなところが駄目なんだよね」とは絶対に言わず、「（Aくんは）こんなにいいところがあるんだよ」と返してくる。でも、実際のところどう思っているのかはわからない、とのことでした。

おそらく、人の悪口は言っている、もしくは思っているはずです。

ただ、Z世代は他人からどう見られるかを重視しているので、「まわりの人たちに『あいつは人の悪口を言うやつだ』と思われたくなくて、いい子ぶっているのかもしれません。

他人の目を意識しているというよりも、「他人の目で生きている」と言ってもいいほどです。

ほかにも、他人の目から見てかっこいいかかっこよくないか。美しいか美しくないかも、とても大切な基準になっています。

美容整形をする人が増えていたり、男性がメイクをしたりするのも、この世代の特徴なのかもしれません。

Ｚ世代が仕事で重視することは？
――ズバリ「誰と仕事をするか」を重視する

Ｚ世代の「ギラギラした人たち」は、すでにお伝えした通り、就職する気がほとんどありません。

ただ、彼らを採用できなくても、意識の高い若者に「この会社と仕事をしたい」と思ってもらい、コラボなどの形で活かすには、企業側はどうすればいいのでしょうか？

少し前に、わたしが感動した話があります。あるＳＮＳマーケティング会社の25

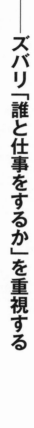

歳くらいの営業職の人と食事をしたときに、「これからどうなりたいですか?」と聞いたところ、「うちの会社のシステムを日本一にすること」と答えたのです。

そこまで思わせる会社は、素晴らしいと思いませんか?

確実に言えるのは、Z世代が大切にするのは「人間関係」であることです。

実際、「会社がとても楽しい!」と言っているZ世代の正社員は、社内の人間関係が良好な会社の社員ばかりです。

自分のためだけに仕事をするとなるとモチベーションが上がらず、自分のキャリアを伸ばすことへの関心も高くありません。とくに上司をどれだけ尊敬できて、ついていきたいと思えるかを、とても大切に思っているのです。

ある経営者の方と社員さんと食事をさせていただいたとき、社員さんが「入社した動機は、自分のキャリアアップのためだったのですが、いまは人を信じて疑わないこの社長を支えたいんです。自分のようなロジカルな人間がいなければ、きっと騙されてしまう。これまでロジックでしか考えられなかった自分が、そんなふうに思えたことが本当にうれしい。社長が夢として描いている上場に向けて、一緒にがんばりたい。そんな想いで、いま一緒にやっています」

と言っていました。

すでにお伝えした「うちのシステムを日本一にしたい」と言っていた人も、同じです。わたしはその会社の社長や上司と面識がありませんが、その人も、「ついていきたいと思った人がつくったシステムだから、日本一にしたいと思った」

と発言していました。

わたしもそうですが、仕事の内容にこだわるZ世代は、あまりいないのではないでしょうか。重視するのは「どんな仕事をするか」ではなく、「誰と仕事をするか」。文句を言いながら働き、やめてしまうZ世代のほとんどが、「この人についていきたい」と思える人と出会えていないのかもしれません。

実際、「仕事に不満はない」と言って長く勤めている友人たちを見ると、やはり人間関係がとても良好です。

Z世代を活かすには
――ほめて伸ばし、ITリテラシーを活用するのが鍵

綺麗事に聞こえるかもしれませんが、上の世代はもっとZ世代の話を聞き、Z世代も目上の方々の話を聞く必要があると感じています。

若者たちが「年配の人たちは、ＳＮＳをまったくわかっていないんだよね」と、自分たちの活躍の場を設けてくれないことへの不満を口にする一方で、上の世代の方々も「いまの若い人たちは…」と言っているので、お互い様な部分もあるのでは

ないでしょうか。

ＳＮＳを使いこなすＺ世代を企業が活かすには、まず**脳みそを切り替える練習を一緒にしてあげること**です。

ＳＮＳを使いこなしているＺ世代は、食事をするにも物を購入するにも、ＳＮＳの情報で行動するのが当たり前になっています。

ところが、いざＳＮＳで企業情報を発信するように言われても、自分がどのように選択しているのか脳を切り替えることができないケースが多く見られるのです。

小学生の頃から友人との写真を集めて画像や動画を当たり前につくってきた世代なので、画像や動画の編集に抵抗がある人はほとんどいません。

ですから、キレイな画像や動画などの制作物をつくることはまったく苦ではないのですが、「本当に

これで商品を購入したいと思える？」と尋ねると、「買うかなぁ…ほしいとは思わないかも…」となってしまいます。

でも、「自分が購入するときにAとBのどちらを買いたくなりますか？」と、脳内を消費者目線に切り替える手伝いをしてあげることで、クオリティがどんどん上がっていくでしょう。

Z世代の人たちは、機能や構造、やり方さえわかればすぐできるようになるので、社内で新しく何かを始める際に、「こんなに難しいものを任せても大丈夫かな？」と迷う必要はありません。一度触れてもらえばできることが多いでしょう。

ただ、「こうするのが正解だよ」と言われてしまうと、それ以外のことをしてはいけないのではないか、とためらう可能性もあります。

わたし自身も、就職したときにパソコンの操作をしたことがなかったのですが、自由にやらせてもらった瞬間にできるようになりました。

触れれば絶対にできる世代なので、いっそのこと任せてしまい、「好きに使って。わからないことがあったら聞いてね」という指示をしたほうが、伸びるのではないかと思っています。

また、Z世代はネットで調べる能力に長けているので、何かわからないことがあれば適切なキーワードを入力して検索し、答えを見つけてしまいます。

そのほうが、頭に入りやすいとも言えます。

ですから、「絶対こうでなければいけません」と言うよりも、「ある程度自由にしていいよ、ここだけは気をつけてね」と声をかけてあげるほうが取り組みやすいでしょう。

パソコン操作もすぐできるようになる

詳しいことはのちほどお伝えしますが、**Z世代は基本的に、ほめて伸びる人が多いので、否定的なことを言うよりも、ほめることを優先してください。**

「いや違う、これはこうしなきゃいけない」と言うと「それなら最初から教えてほしい…」と思ってしまいます。「ここまではできているから、ここだけ変えてね」と言えば、「ここまでは自分で考えて動いていいんだ」となるでしょう。

指示されたことばかりをしていると、考える力が養われなかったり、自分で動いたら怒られると思ってしまったりするので、ある程度任せて、成果物をほめてあげてください。

この流れができると、「自分で考えて動こう」という発想になるはずです。

ポイントは成果物をほめること

第2章

「大人」が見ているZ世代、本当はどうなの？

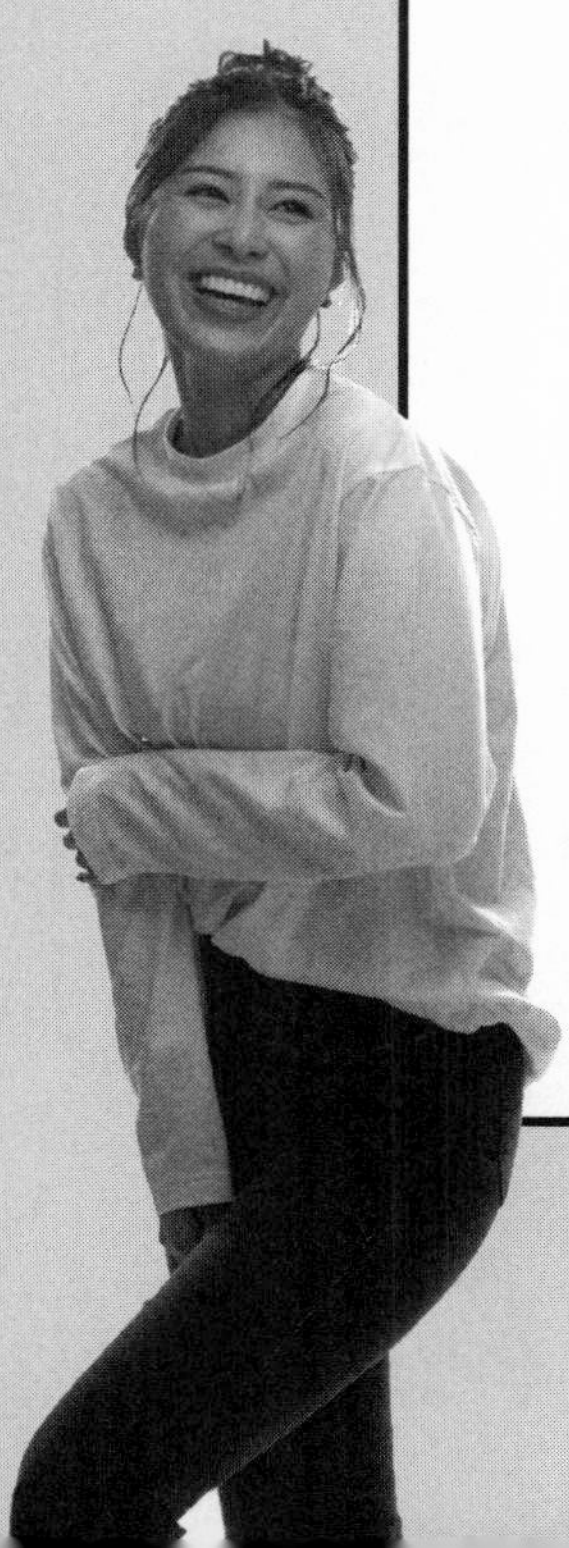

ネットリテラシーが高いって、本当？
――人類初のデジタルネイティブ世代なので、本当！

Ｚ世代を語るさまざまな書籍やインターネットの情報を見ると、かならず出てくるのが「ネットリテラシーが高い」という評価です。

それは当然のことで、わたしたちＺ世代は「人類初の」デジタルネイティブ世代です。

ちなみに、Ｚ世代は１９９６年以降の生まれ、と定義されているようですね。インターネットが爆発的に普及したのは１９９５年の「Ｗｉｎｄｏｗｓ95」がきっかけと言われており、インターネットが普及して当たり前になった時代に生まれてきたはじめての世代が、わたしたちＺ世代です。

考え方や価値観がインターネットを通して培われてきたことが、上の世代の方々とは大きく違い、ときには「宇宙人」と言われることも…。

もっとも、Ｚ世代の若い人が、仕事以外でＷｉｎｄｏｗｓを使っているのをほとんど見たことがありません。

物心がついたときにはスマートフォンが当たり前だったこともあり、「ネットリテラシーが高い」と世間一般で言われている通りで間違いないでしょう。

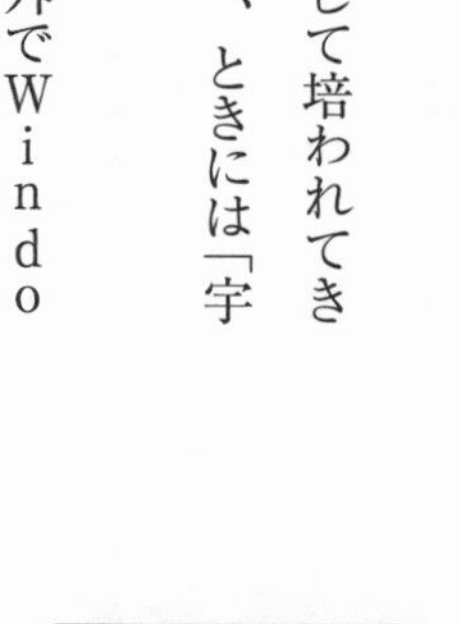

人類初の
デジタルネイティブ世代！

なぜネット検索が速い？
——無意識に身についているから

「Ｚ世代はネット検索が速い」というのは、わたしもほかの年代の方々と仕事をするようになるまで意識しませんでしたが、たしかにそのようです。

すでにお伝えした通り、Ｚ世代は物心がつく頃からスマートフォンを使うのが当たり前で、わたしも小学校６年生のときにはｉＰｈｏｎｅを持っていました。

小さい頃から触れてきたので、アプリのアップデートやスマホの操作なども、何の抵抗もなくできるようになったのです。

ですから、たとえば新しくSNSを始めるときに、操作方法がわからなかった記憶がほとんどありません。わからないことを検索するスピードも、おそらく速いのでしょう。

Z世代が大切にするもののひとつに「タイパ（タイムパフォーマンス）」がありますが、わからなければすぐにネット検索するのもタイパのためであり、検索速度がアップするのも当然かもしれません。

わからないことがあったときの検索スピードはかなり速いと感じます。社会人の先輩方と仕事をすることも多いのですが、調べ物をしているときに「こうすれば速く調べられますよ」とお伝えすると、「そんなやり方は知らなかった！」と言われることも少なくありません。

Z世代以外の人から「なぜ検索が速いのか」と聞かれることがありますが、感覚

的に養われてきたものなので、うまく説明することができません。

あるＳＮＳで見かけたのですが、日本語の「ん」の発音にはとてもたくさんの種類があるそうです。海外の人からすると、同じ「ん」でも、言葉の流れによって上あごに舌をつけることもあるから難しいようですが、普段から日本語を話しているわたしたちからすると、どう使い分けているのか尋ねられてもわかりませんよね。

それと同じで、なんとなくわかる、なんとなく自然に使いこなしているのが、ソーシャルネイティブ世代と言われる理由ではないでしょうか。

たとえば、「やる気　出ない　なぜ」で検索してもわからなければ、「やる気の出し方　簡単」に変えて検索するなど、調べてダメなら次のワード、というように勝手に脳内変換する癖がついているのです。

このＺ世代の検索の強さは、ぜひ仕事でも活かしたい要素です。

ダメなら次のワードに変えて検索する

ダイバーシティ（多様性）を重視している？
——多様性は当たり前！ そもそも「自分たちが多様だ」と思っている

「ダイバーシティ（意見やものの見方の多様性）」の大切さが叫ばれていますが、とくにZ世代は多様性を重視する、と言われています。

わたしの印象では、多様性を重視しているというよりも、**多様性に対する理解度が高い**ように映ります。

特殊な人が多い分だけいろいろな考え方を持っているのがZ世代です。物事に対して、自分の考えをしっかり持っている世代なのでしょう。

ですから、さらに言えば、**「多様性への理解がある」**というよりも、**「自分たちが多様である」ととらえている**ように感じます。


その背景には、SNSでさまざまな人が、さまざまな発信をできるようになったことが大きいのではないでしょうか。

どの発信が自分にとってもっともしっくりくるのかを、一人ひとりが選択できるようになったことが大きな要因なのでしょう。以前はテレビで世論の考えが形づくられていましたが、Z世代はあまりテレビを見ません。この違いも大きいはずです。


わたしたちZ世代の多くは、LGBTQについても「個人の自由だよね」ととらえています。わたしもバイセクシャルの人が身近にいたとき、最初は驚きましたが、現在はそれが当たり前になっているので、とくに偏見を持っていません。

もちろん、Z世代のなかにも「え、まわりに性的嗜好が違う人がいたら、なんか嫌だ…」と言う人もいます。このように言うと、「LGBTQを認めないのは何事だ！」と批判する人もいるようですが、抵抗があること自体、仕方のないことですよね。さまざまな意見を認めるのが、本当の多様性なのではないでしょうか。

わたしたちは、基本的に誰かの恋愛事情にまで興味を持っていません。誰が誰を好きであっても、誰と誰が付き合っていても、「そうなのか。好きにすればいいのでは」といったリアクションになるでしょう。

その人が人として好きかどうかを重視しており、好きな存在であれば、どうなってもずっと支えていこう、何か困ったときに頼れる存在であればいい、と考えます。

このように、**新しいことへの抵抗感がほとんどないのがZ世代なのかもしれません。**

ＣｈａｔＧＰＴが出てきたときも、わたしはまったく抵抗感なく使い始めました。新しいシステムなどに難色を示す人たちもいますが、そんなとき、「試してみてくれない？」とお願いすれば、もっとZ世代を活かせるかもしれません。

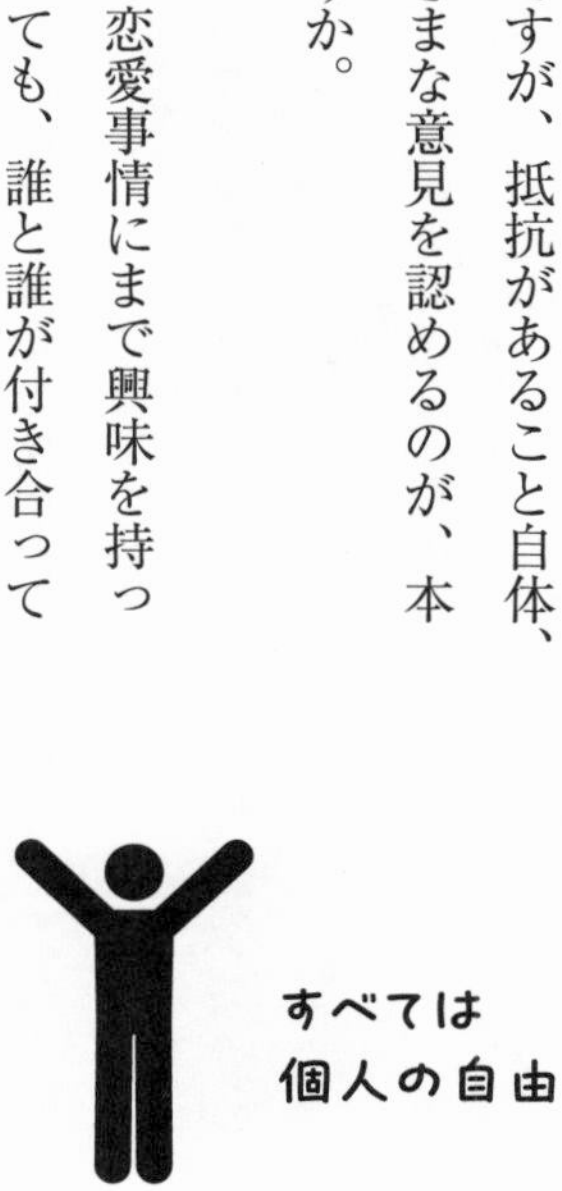

「金銭感覚が保守的」って、どういうこと？

――お金以外のことを重視している

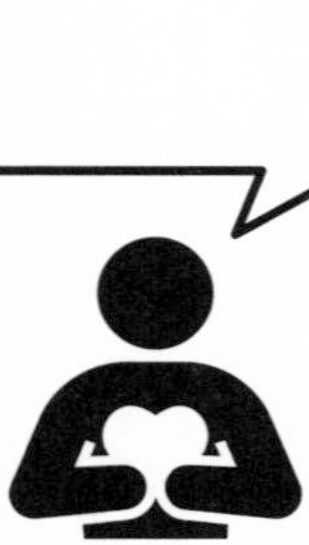

「Z世代の金銭感覚は保守的」と言われているそうです。この件についてリサーチしたところ、次のような特徴が浮き彫りになってきました。

・長い不況のなかで成長してきたので、浪費を好まず、貯蓄や節約への関心が高い

・安定志向である

・衝動買いはせず、コスパ（コストパフォーマンス）を重視する

たしかに、そうかもしれません。

でもわたしから見れば、金銭感覚が保守的というよりも、**「物欲がない」と言ったほうがしっくりきます**。

1章でも触れたように、あまりお金を持っていない人たちが多いので、あえて興味を持たないようにしているのかもしれませんが、ブランド品に興味を持っている人はほとんどいない印象です。

Z世代の人たちに、アンケートで将来の目標などを聞いたところ、さまざまな答えが返ってきました。経営者や会社員などの立場によって、本当にさまざまです。

〈経営者〉

・高級外車に乗りたい、ブランド品をたくさん持ちたい、と言う人はわずか

・「世の中に残るものを提供したい」「社会によい影響を与えたい」と意気込み、ビジョン・ミッションを大事

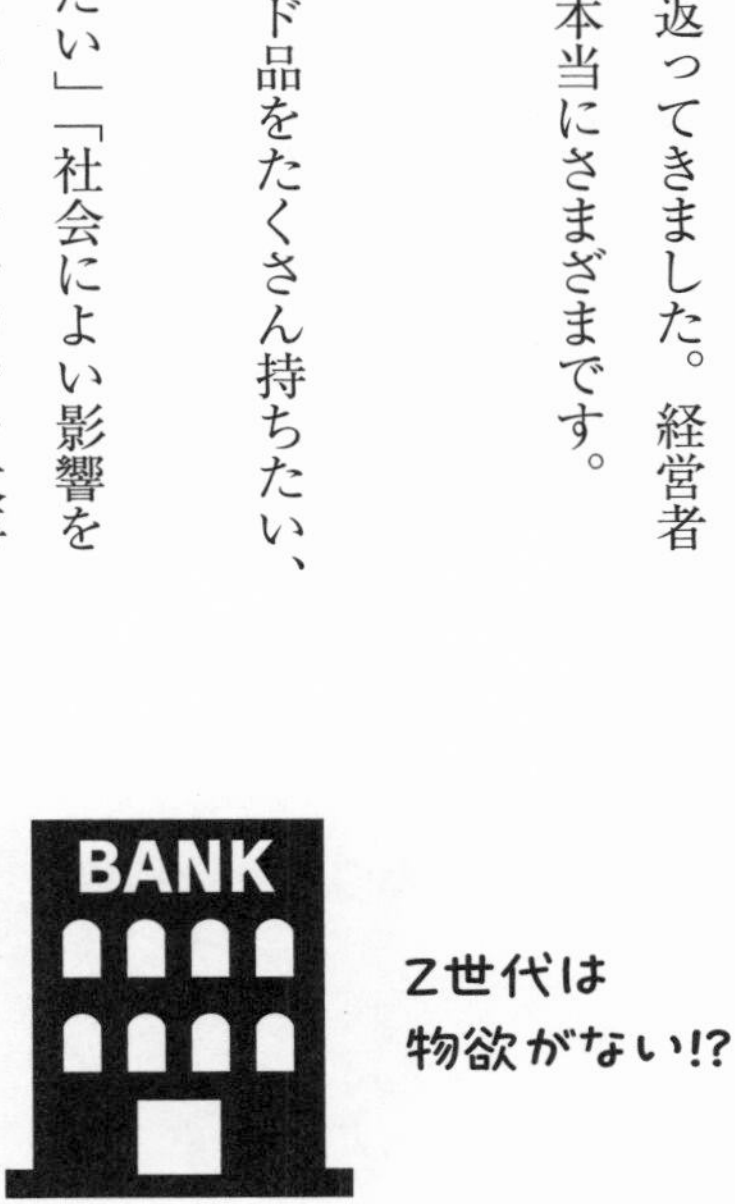

にしている人が多い

・「お金がほしい」とあまり言わない

・「社員が不自由のない生活ができて、『おいしいご飯を食べたい！』と思ったときに食べられるだけのお金を渡せられれば十分満足」といった話をする人が多い

〈会社員〉

・収入の高さを重視する人が少ない

・「尊敬する社長・上司を全力でサポートしたい」と言う人が多い

・絶対に世の中をよくする自社のサービスを、もっと広めたいという考えの人が目立つ

高級品やブランドものにあまり興味を持っていません。お金よりも、もっと別のことを重視する傾向があるのかもしれません。

社会貢献の意識がとても高いって、本当？

——多くのZ世代が、人の役に立ちたいと思っている

Z世代は世の中の役に立つことや社会貢献を重視する、と言われますが、それはまさにその通りです。

以前、仕事を探している友人から、電話で「何もしたい仕事がないんだよね…」という相談がありました。わたしは、「夢は？　何かしたいことはないの？」と聞きましたが、「本当になくて…。とくに想いもないから面接で志望動機を話せなくて、なかなか内定をもらえない」とのことでした。

逆に、「どうしていまの仕事を始めたの？」と聞かれたので、仕事への想いや夢を伝えたところ、「やっぱり、人の役に立つお仕事をしたいよね…」としみじみ言っていたのです。

ほかにも、たとえば飲食店に勤めている人たちへアンケートを実施したところ「自分がつくった食事で笑顔になってくれたらうれしい」といった発言が目立ちました。

人の役に立つ仕事がしたい

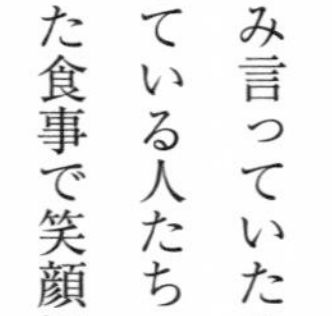

東日本大震災があった3月11日に、Yahoo!で「3・11」と検索すると、Yahoo!から募金してくれるしくみをご存じですか？

若い人たちの多くが参加していて、3月11日のInstagramのストーリーズ（24時間で削除される投稿）は、その話題であふれています。

「社会のために役立つのなら」と、たくさんのZ世代が参加する行事になっているのです。わたしも含めて**「自分に対する欲」はあまりないので、自分以外の誰かのため、社会のためならがんばれる人はとても多く見られます**。

「誰かの役に立つ仕事がしたい」というのは、Z世代の偽りのない想いです。

Z世代は「目立ちたくない」と思っている？

――リスクを避けたいので、目立ちたくない

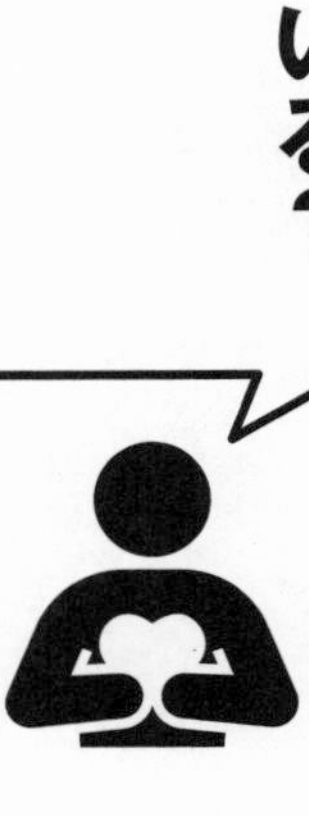

Z世代を語るキーワードに、「みんなの前でほめられたくない」というものがあります。その背景には「目立ちたくない」という思いがあると言われているのですが、実際のところ、多くのZ世代が本当に目立ちたいと思っていません。

経営者にもなれば話は別…と思いきや、同じなのです。経営者の友人たちは、「会社のために前へ出なければいけないから出ているだけで、できれば黒子でいたい」と口をそろえます。

頭がいい人ほど、叩かれるリスクをわかっているのでしょう。

表に出ることへのリスクヘッジを、とても考えているのです。

表に出て失敗した人たちの例をたくさん見ているため、変に目立ちすぎるとよくないという感覚を持っているのです。

わたしも、本当は「あまり出たくないな…」と思っています。「表に出るのは、この本で最後かな」と思わなくもありません。

「何？　このブス！」と言われると、さすがに落ち込むからです…。

リスクをとても気にするのがZ世代であることを、ぜひ知っておいてください。

とくにZ世代の女性は友人をたくさんつくる傾向がありますが、それもひとつのリスクヘッジです。

ある友人が、「友人が親友ひとりだけなら、その親友に彼氏ができると一緒に遊んでくれなくなり、ひとりぼっちになるリスクがある」と言っていました。

それを聞いたわたしは、「たしかに…」と思ったのです。ある友人ひとりが100％を満たしていたら、その人がいなくなったときに立ち直れないほど悲しくなってしまう。これはとてもおもしろい考え方だと思いました。

自分のなかにグラフをつくり、仕事や生活すべてを合わせて100％として、そのうち友人が30％だったとします。そして友人がひとりだけだった場合、その友人がいなくなってしまったら、30％が0％になってしまいますよね。

自分をいつも100％満たしていたいと思っているからこそ、それを保てるようにリスクヘッジをするのです。

一方で、30％を友人5人で構成していたら、ひとりいなくなっても6％を失うだけです。30％に戻すために欠けた6％を埋める努力と、30％すべてを埋める努力では、大変さがかなり違うと思いません

ひとりぼっちにならないためのリスクヘッジを考える

か？

本書とは関係ありませんが、このパーセンテージの話がおもしろかったので、一時期いろいろな人に「あなたは何が何%？」という質問をしていた時期がありました。人によって、その構成はさまざまです。飲み会の席でこの話をしたら、とても盛り上がりました。

いろいろな人のパーセンテージを聞いて感じた、わたしの見解は次の通りです。

・仕事の比率が低い人は、転職回数が多い傾向がある
・経営者や自ら率先して仕事をしている人は、仕事の比率が高い
・比率が高いものは、「絶対になくしてはいけない。むしろなくなったら困るもの」となってしまい、依存的

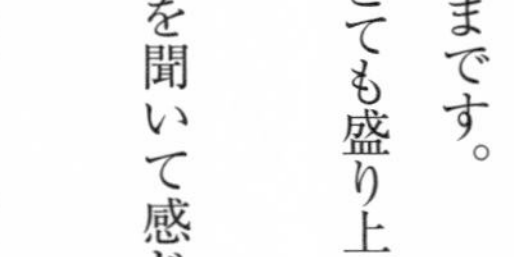

失敗して傷を負いたくない
という意識が強い

なものになっていることがある

リスクヘッジの話に戻りますが、**Z世代の人たちは、「失敗して傷を負いたくない」という意識が強いように思います**。これはわたしも同じです。

わたしも、友人のことを「結婚したり、恋人ができたり、仕事の波長が合わなくなったりして、いつかいなくなるんだろうな」とどこかで思っています。

「仲良くなればなるほど、ずっと仲良しでいることはできないのだろうな…」と無意識に考えてしまうのです。

ある友人にこの話をしたら笑われて、「『どうせいなくなる』と感じている相手に、そのまま聞いてみたら？」と言われました。

そして後日、その友人に「〇〇ちゃんはいつかどこか

に行ってしまうでしょ?」と質問したところ（病んでいる人みたいですね…）、「そんなの、みんな同じでしょう? 失敗したときやいなくなってしまったときに傷を負いたくないのが人間だよ。だから、別に気にしなくてもよくない? いなくても大丈夫な体制はみんな取っているはずだよ」と言われ、「なるほどなぁ」と思ったのです。

失敗してもなるべく傷を小さくしたい、失敗することが怖いからリスクを避けたい、という思考を持つのがZ世代であり、知らないうちにわたしにも、その感覚が染みついているのかもしれません。

第3章

16万人のアンケートから見えた！ Z世代の実態

本邦初！
インフルエンサーによるZ世代アンケート
——Z世代の隠れた本音が見えてくる

書籍の出版を決めたとき、わたしが知っている20代の友人知人だけでなく、もっとたくさんの若い人の意見を聞きたいと思うようになりました。

「どうすれば意見を集められるかな…」と考えた結果、わたしの得意なSNSで集めるしかないと思い、個人でTikTokを始めて、Z世代の人たちからの質問に答える形式にしたところ、ありがたいことにフォロワーが3ヵ月で2万5000人を超えたのです。

そこで、Ｚ世代のフォロワーがたくさんいるインフルエンサーの友人たちと質問箱をつくれば、さまざまな悩みを聞けるのではないか？　と思い至りました。せっかく出版するのなら、リアルなＺ世代の声を入れなければ意味がないなと感じたからです。

イケメンでＺ世代の女性に人気抜群のりょーたくんと、美人でかわいく男性に大人気の溝部ひかるちゃんに協力してもらい、Ｉｎｓｔａｇｒａｍのストーリーズで告知して、３人でアンケートを実施しました。

２０２３年８月末時点のＺ世代を合計すると、約16万人を対象にアンケートを行ったことになります。

興味のない人はスキップして返答しなくてもいい形にして、関心を持っている人からだけ回答を集めたので、答えてくれた人の質は高いのではないでしょうか。

ぜひ本章で、Ｚ世代の傾向を知ってくださいね。

質問した項目は、次の通りです。

1　選択制（2～3つの選択肢からひとつ選んでもらう）

（1）仕事を選ぶうえで大切にしていることは？
①給料・勤務時間　②人間関係　③やりがい

（2）仕事をするなら…
①生涯雇用がいい？　②いろいろな仕事をしたい？

（3）出世について
①役職につきたい？　②役職にはつきたくない？

（4）働くなら…
①みんなでワイワイ働きたい？　②ひとりで黙々と働きたい？

（5）会社の飲み会について
①行きたい？　②行きたくない？

2　自由回答

（1）「この会社をやめよう」と思った瞬間は？

（2）「嫌いな先輩」はどんな人？

（3）「好きな先輩」はどんな人？

（4）「いい会社だな」と思った瞬間は？

次ページから
リサーチ結果を
紹介していきます

<表1>アンケートの対象者

アンケート	フォロワー数	フォロワー年齢層		男女比		Z世代人数	Z世代男女人数	
				男	女		男	女
りょーた	147,000	13〜17歳	9.70%	14%	86%	138,033	19,325	118,708
		18〜24歳	56.30%					
		25〜34歳	27.90%					
		その他	6.10%					
みくる	2,400	13〜17歳	6.90%	78%	22%	2,287	1,784	503
		18〜24歳	66.40%					
		25〜34歳	22%					
		その他	3.15%					
ひかる	25,000	13〜17歳	12.80%	77%	23%	20,500	15,785	4,715
		18〜24歳	51.30%					
		25〜34歳	19%					
		その他	3.15%					
合計	174,400			56%	44%	160,820	36,893	123,927

仕事を選ぶうえで大切にしていることは？

——やはり上位は「人間関係」

「仕事を選ぶうえで大切にしていること」の3択で、「給料・勤務時間」「人間関係」「やりがい」を選択肢にしましたが、全体で見ると「給料・勤務時間」と「人間関係」がほぼ同じでそれぞれ40％、「やりがい」は20％でした。

生活をしていくうえで「給料」は欠かせず、自分の時間も必要なので「給料・勤務時間」の比率が高いのは当然ですが、「人間関係」がほぼ同数なのは、やはり**Z世代の人間関係に対する関心は高い**とも読みとれます。

仕事を選ぶうえで大切にしていることは?

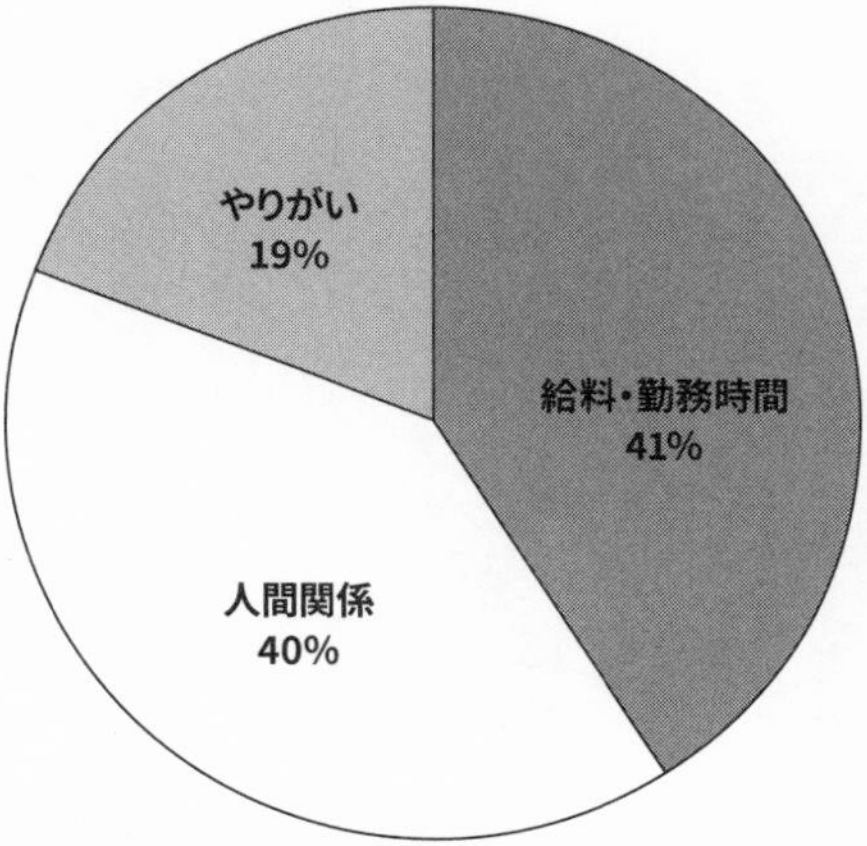

	項目	投票数	割合（%）
合計	給料・勤務時間	2,612	41
	人間関係	2,548	40
	やりがい	1,214	19
	全投票数	6,374	-

おもしろいのは、インフルエンサーのフォロワーの男女比によって、結果に違いがあることです。

イケメンのりょーたくんのフォロワーに多いZ世代の女性は、給料や勤務時間よりも人間関係を重視していました。

一方で溝部ひかるちゃんとわたしはフォロワーの男性比率が多く、やはり男性は給料面を気にしているのかな、という印象を受けます。

また、全体的に男性のほうが5%ほど、仕事のやりがいを重視する傾向がありました。

仕事をするなら生涯雇用？
いろいろな仕事をしたい？
——65%が「いろいろな仕事をしたい」

「生涯雇用」と「いろいろな仕事をしたい」の2択で選んでもらいましたが、これはどのインフルエンサーのアンケートでも同じような傾向になりました。いろいろな仕事をしたいと思っている人が65％で、生涯雇用の35％を大きく上回っています。

個人的には、意外と生涯雇用を希望する人が多いなと感じた一方で、ある女性経営者は「Z世代は安定志向だから生涯雇用の希望者がもっと多いと思っていた」と言っていました。年代による見方の差も、おもしろいと思いませんか？

生涯雇用？
いろいろな仕事？

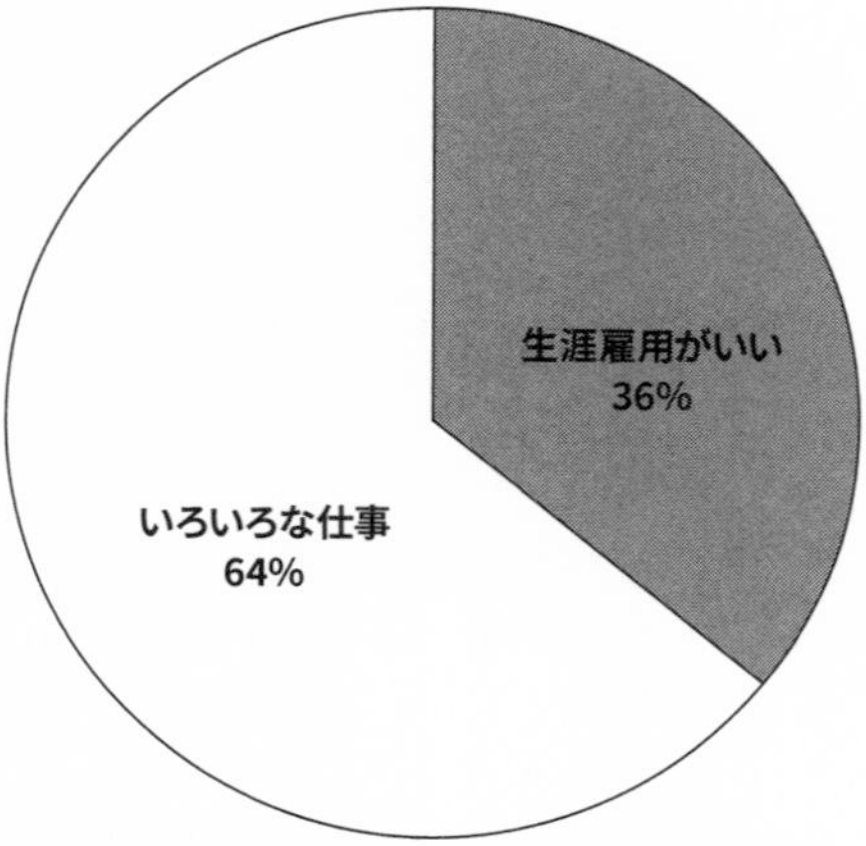

	項目	投票数	割合（%）
合計	生涯雇用がいい	1,798	36
	いろいろな仕事	3,224	64
	全投票数	5,022	-

役職につきたい？つきたくない？

——肩書きよりも仕事内容を重視する人が多い

役職につきたいかつきたくないかの2択は、回答結果に男女の差はなく、全体では役職につきたい人が57％、つきたくない人が43％となりました。

わたし自身は「働くなら絶対に役職がほしい」と思うタイプであり、もっと役職につきたい人が多いのではないかと思っていたので、この結果は意外でした。

「役職につきたくない」と回答した人に、さらに理由を尋ねてみると、「役職よりも働き方を重視したい」「自由がいい」といった答えが返ってきており、同じ「役職につきたくない」という回答でも、その背景はさまざまなようです。

Z世代のなかでも、男女ともに責任感を持つために役職がほしいと言っている人たちと、役職という肩書きにこだわるよりも働き方を大事にしたい人たちに完全に分かれているところも、興味深いところです。

一般的に、「Z世代は責任をとろうとしない」というイメージがあるなか、企業側から見ると、過半数を超える人たちが「役職がほしい」と回答しているのは意外な結果かもしれません。

また、「役職はいらない」と答えた人も、決して**やる気がないわけではなく仕事内容を重視している、というとらえ方もできそうです。**

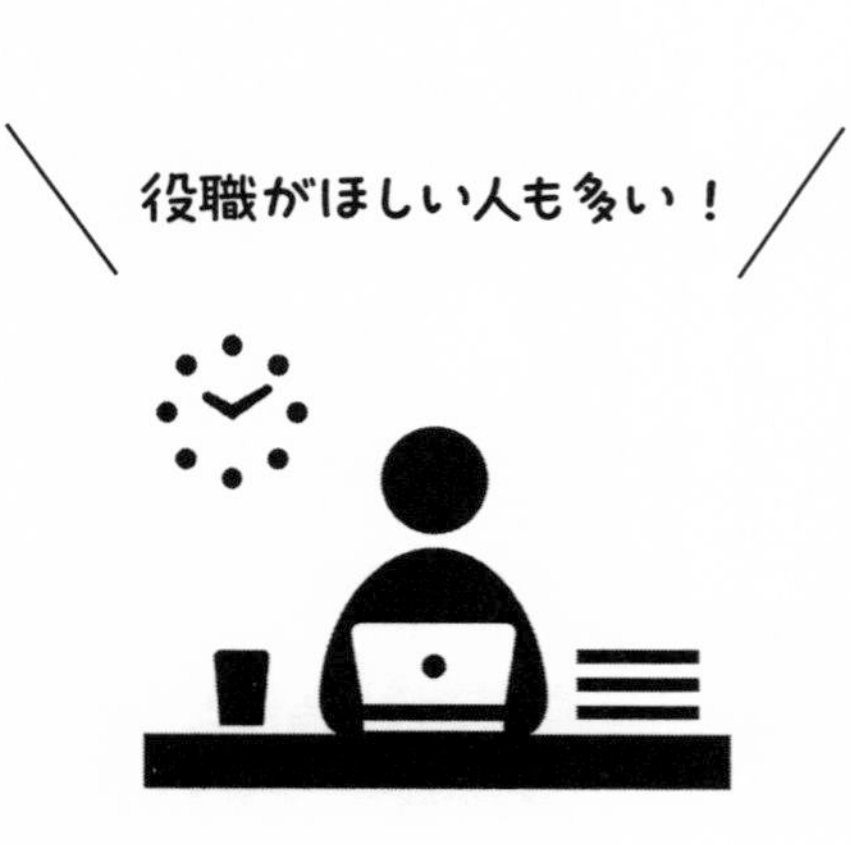

役職につきたい？
つきたくない？

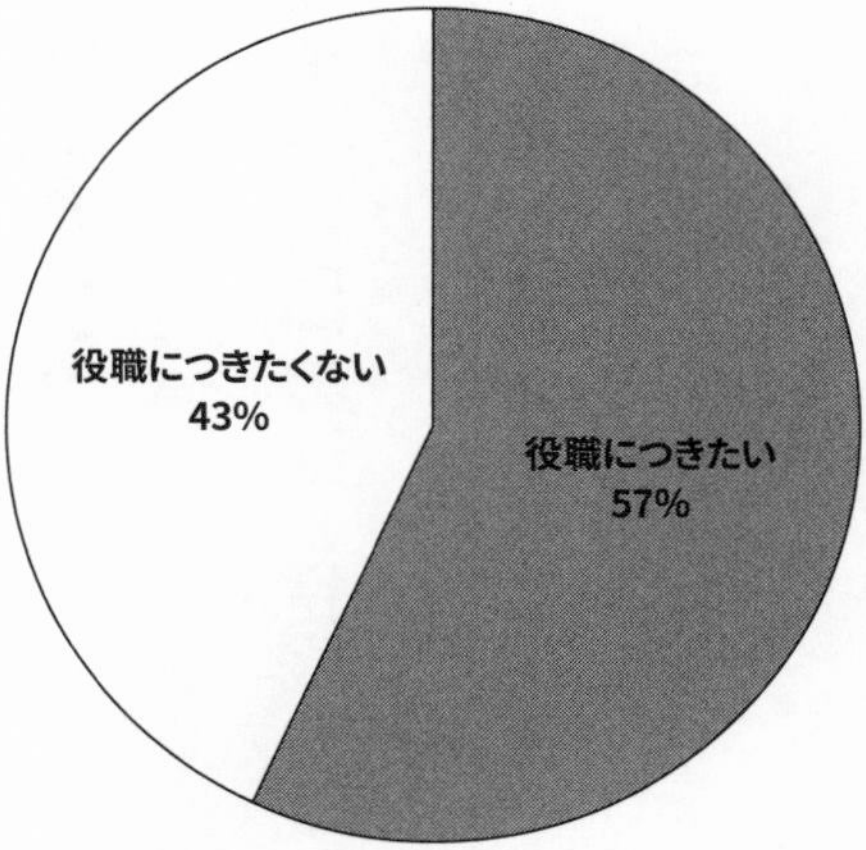

	項目	投票数	割合（%）
合計	役職につきたい	3,257	57
	役職につきたくない	2,478	43
	全投票数	5,735	-

みんなでワイワイ働きたい？
ひとりで黙々と働きたい？

――「みんなでワイワイ」が多いのはZ世代らしい結果

みんなでワイワイ働きたいか、ひとりで黙々と働きたいかの2択の結果を見ると、「ワイワイ」が70％、「黙々」が30％と、インフルエンサー3人とも、同じアンケート結果になりました。

人間関係を重要視する、Z世代らしい結果ではないでしょうか。

みんなでワイワイ働く？
ひとり黙々？

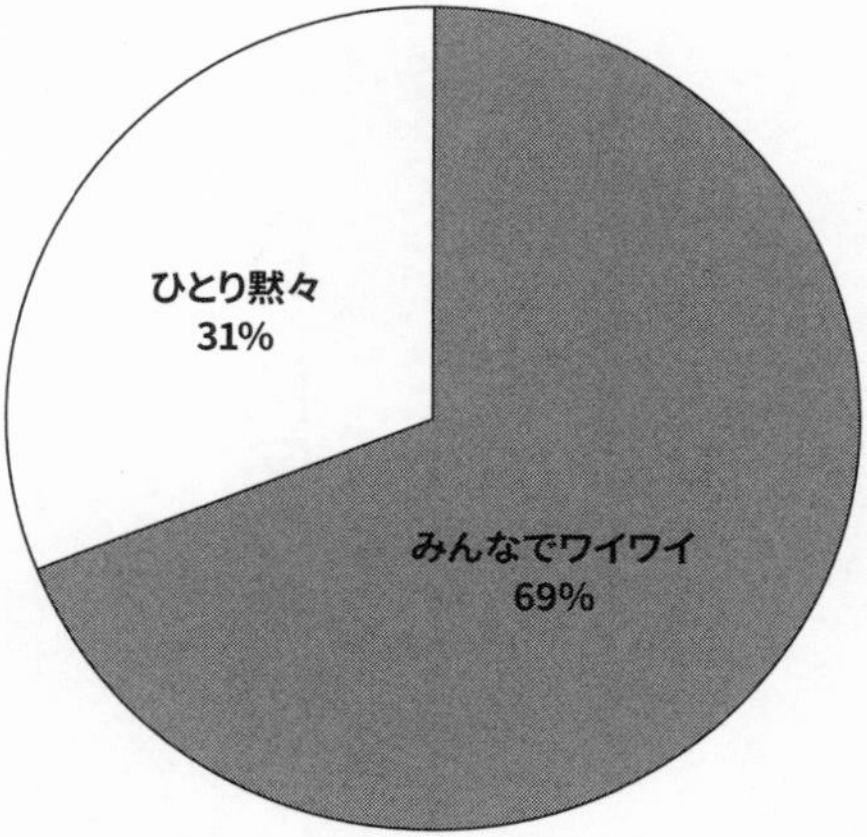

	項目	投票数	割合（%）
合計	みんなでワイワイ	4,270	69
	ひとり黙々	1,900	31
	全投票数	6,170	-

会社の飲み会、行きたい？行きたくない？
——女性のほうが「行きたい」傾向が強い

会社の飲み会に行きたいか、行きたくないかのアンケートは、りょーたくんの結果（女性86％）とひかるちゃん・わたしの結果（男性約80％）でほぼ逆の結果になっていました。

ひと言で言うと、男性・女性の違いに大きく分かれているということです。

どちらかと言えば、**女性のほうが「飲み会は楽しい」「飲み会に誘ってほしい」と思っている人が多く、男性は「気をつかうから、できれば行きたくない」と感じている**

人が多いようです。

飲み会でフランクに話ができるのは、女性のほうが多いのかもしれません。

**会社の飲み会、行きたい？
行きたくない？**

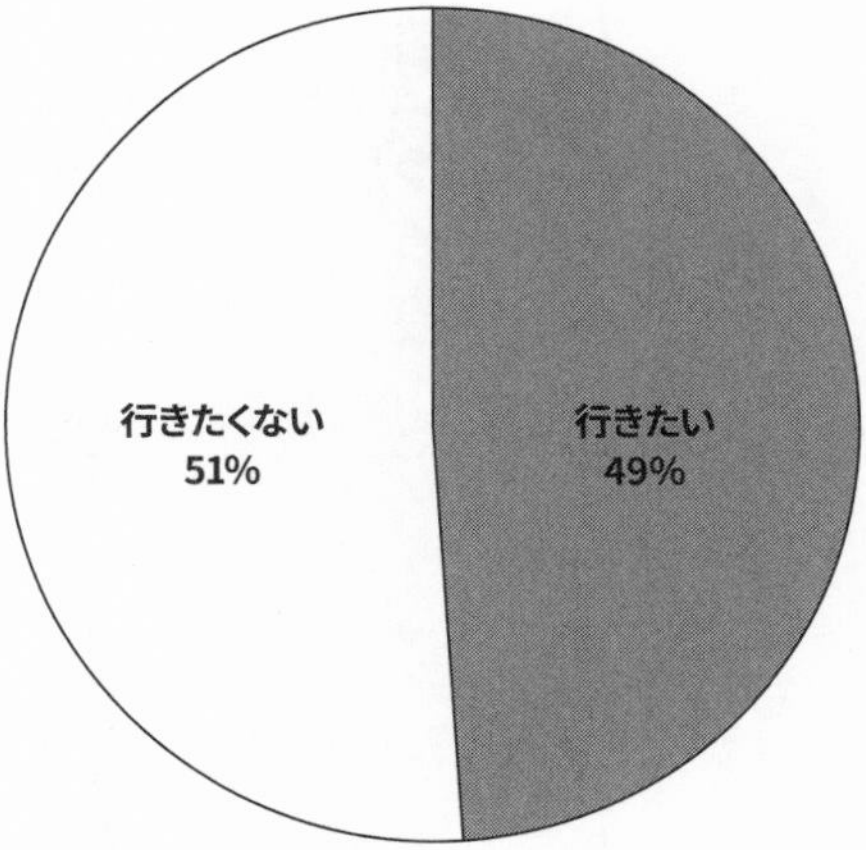

	項目	投票数	割合（%）
合計	行きたい	3,390	49
	行きたくない	3,504	51
	全投票数	6,894	-

「この会社をやめよう」と思った瞬間は？

――「人間関係の不満」が多数

自由回答形式の項目に移ります。
「会社をやめよう」と思った瞬間は、言い方や文言が人によって異なるのですが、まとめると

・社長、上司、先輩などの「人」に対する不満
・人間関係のこじれ・トラブル
・時間の不自由さ

がトップ3でした。その次に、「仕事量に対して給料が見合わない」「パワハラ・モラハラ」が続きます。

「社長、上司、先輩などの『人』に対する不満」も人間関係に含まれるとすれば、やはり**「人間関係」への不満で会社をやめる人が多いのでしょう。**

「理不尽、不平等な扱い」という回答も多く、平等性を重視するZ世代を感じさせる回答が目立ちます。

「やりがいを感じられない」「本当にしたいことが見つかった」という回答も見られるのは、じつは自分なりの社会貢献先を探している人も多いことのあらわれではないでしょうか。

「朝起きたとき、本気で行きたくないと感じた」という回答もありました。

部下のメンタルケアは、しっかりと行う必要がありそうです。

この会社をやめようと思った瞬間

＜人に対する不満＞

社長・店長への不満	社長が思う会社の方向性についていけないと思ったとき
	オーナーが頼りないと感じたとき
	オーナーが社員の悪口を言ってきたとき
	店長と性格が合わなかったとき
	店長がお気に入りにだけ優しいと思ったとき
	会社の上層部が頼りにならなかったとき
	社長の人間性が嫌になったとき
上司への不満	上司が自分より仕事ができないと感じたとき
	上司の仲が悪いとき
	上司に無視されたとき
	ハラスメントを止める上司がいないとき
	人の前で部下を怒る上司を見たとき
	上司を尊敬できなくなったとき
	楽しそうに仕事をしていない上司を見たとき
	尊敬していた上司がいなくなったとき
先輩への不満	先輩が厳しすぎると感じたとき
	怖い先輩がいたとき
	雑用ばかり振ってきてさぼっている先輩を見たとき

この会社をやめようと思った瞬間

＜人間関係のこじれ・トラブル＞

人間関係のこじれ	人間関係が悪いと感じたとき
	人間関係が悪化したとき
	人間関係が気持ち悪いと感じたとき
	人間関係がつらいとき
人間関係のトラブル	会社の人たちから仲間外れにされたとき

＜時間の不自由さ＞

残業の多さ	残業が多いとき
	通勤時間、残業時間が長すぎると感じたとき
	サービス残業しかなかったとき
	労働時間が長すぎると感じたとき
	深夜残業が多すぎるとき
	まったく食事ができず、お腹が空いたとき
休みの少なさ	休みがない
	労働時間が長いと思ったとき

「嫌いな先輩」はどんな人？

――気分で態度が変わる人

Z世代の人たちがどんな先輩を嫌うのか、気になるところですよね。

もっとも嫌がられるのは、「そのときの気分で態度が変わる、感情の起伏が激しい、怒りっぽい」先輩です。

やはり、精神的に不安定な人は、嫌がられます。仕事をしている以上、叱るシーンをゼロにするのは難しいと思うので、「叱るときの基準」をしっかりと設けることが大切ではないでしょうか。

次に嫌がられるのは、「人の悪口、陰口、文句、愚痴、小言、嫌味を言う」先輩です。口は災いのもと。できるだけ愚痴や悪口は控えるに越したことはありません。

さらに次に多かったのが、「人によって態度を変える、不平等、裏表がある」先輩です。平等性を重視する世代なので、ずるいと受けとられる言動には気をつけましょう。上から目線、マウンティングも嫌われる要因として少なくありません。

正直に言えば、わたしはこの結果にドキッとしました。「部下や後輩に、気分で接していないかな。同じことで怒ったり怒らなかったりすることはなかったかな…」と、わたしと同じようにドキッとした人も多いのではないでしょうか？

嫌いな先輩

＜精神的に不安定な人＞

気分屋な人	気分で機嫌が変わる人
	すぐ不機嫌になる人
	気分が顔に出る人
	気分屋で瞬間湯沸かし器のような人
	忙しくなると不機嫌になる人
	その日の気分で対応が変わる人
	気分屋・後輩にあたってくる人
感情の起伏が激しい人	感情の波が激しくすぐ怒鳴る人
	自分の機嫌を態度に出してくる人
	感情で生きている人
	態度を表に出す人
	毎日不機嫌な人
	感情任せに怒ってくる人
	自分の感情をコントロールできない人

嫌いな先輩

<不快なことを言う人>

悪口を言う人	悪口をまわりに聞こえるように言う人
	悪口が多い人
	陰口を言う人
文句を言う人	文句や愚痴が多い人
	いちいち文句を言ってくる人
	小言を言う人
	いろいろな人の愚痴を言う人
	なんでもかんでも注意してくる先輩
嫌味を言う人	わざと嫌味を言ってくる先輩
	嫌味ったらしい人

<ずるいと感じる人>

人によって態度を変える人	男にはパワハラ・女には優しい人
	自分のお気に入りにだけ優しい人
	上司にはヘコヘコしているのに後輩に厳しい人
裏表がある人	表向きだけいい顔をする人

「好きな先輩」はどんな人？
——笑顔で優しい人、おもしろい人、話しやすい人

好きな先輩は、「嫌いな先輩の真逆」と考えるとわかりやすいのかもしれません。
もっとも多かったのは、「笑顔、優しい、おもしろい、話しやすい」先輩です。
その後、「部下・後輩のことを考えてくれる、面倒見がいい、愛がある」先輩が続きます。

「誰にでも平等」な先輩、「ほめてくれる、否定しない」先輩が、ほぼ同率3位でした。

平等で否定しない、感じのいい人は、Z世代から慕われるのですね。

決して多数派ではなかったのですが、わたしがおもしろいなと感じたのは、「プライベートのことも含めて、話を聞いてくれる人が好き」という意見もあれば、「プライベートに踏み込んでこない人が好き」という両極端の回答もあったことです。

プライベートの話については、個々のタイプを見極めたうえで触れるかどうか判断したほうがよさそうです。

また「ノリがいい人」という意見も多く、「ワイワイと」仕事をしたい人が目立つZ世代らしい回答でした。「責任をとってくれる先輩」「結果ではなく過程を見てくれる先輩」という回答もあり、この点は、世代を問わず共通する価値観と言えますね。

好きな先輩

＜感じのいい人＞

笑顔の人	笑顔が多い人は素敵
	いつもニコニコして話しかけてくれる人
	話しやすくていつも笑顔
	愛想のいい人
	笑顔で話してくれる人
優しい人	面倒見がよく優しい人
	優しくて教え方がうまい人
	めっちゃ仕事ができるし、優しいし、気も利く
	どんなに忙しくても優しく教えてくれる先輩
	優しいが結局一番
	誰にでも優しい人
おもしろい人	話していておもしろい、楽しい先輩
	おもしろくて話ができる人
話しやすい人	恋愛相談などに乗ってくれる人
	友達みたいに気軽になんでも相談に乗ってくれる人
	いつも話しかけてくれる人
	フレンドリーに接してくれる先輩
	同じ年の友達みたいに接してくれる人

好きな先輩

＜思いやりのある人＞

面倒見がいい人	わからないことを何度聞いても教えてくれる人
	わたしのすることを全力で応援してくれる人
	よく気づかってくれる人
	わからないことを優しく丁寧に教えてくれる人
	親身になって相談に乗ってくれる人
	ミスに対して励ましてくれる人
	自分の気持ちに寄り添ってくれる人
	聞いたことに面倒くさがらずに答えてくれる人
愛がある人	自分のことを考えて怒ってくれる人
	ミスしたときに自分を心配してくれた人
	ダメなところ・ミスの伝え方に愛がある人
	ちゃんと叱ってくれる人
	自分のために叱ってくれていると感じることができる人
	ほめるとき、叱るときのオンオフがしっかりしている人

＜フラットな人＞

誰にでも平等な人	冷静で理不尽な判断をしない人
	誰にでも公平に質問に答えてくれる人
	みんなに同じ態度をとる人
	上下関係を気にせずフラットに話してくれる人
	誰にでも平等に接する人
否定しない人	なんでもほめてくれる人
	なんでもいいからやってみな！と言ってくれる人
	否定をしない・常に共感してくれる先輩
	人のことを否定しない人

「いい会社だな」と思った瞬間は？
——「人間関係のいい会社」が圧倒的多数

アンケートの最後の項目は、「いい会社だな」と思った瞬間です。

圧倒的に多かったのは、「上司と仲良し、人間関係がいい、飲み会・社員旅行が楽しい」会社です。

これは、「会社をやめようと思った瞬間」の「人間関係の悪さ」と対極で、人間関係を重視するZ世代らしい回答ではないでしょうか。

次に多かったのが、「残業ゼロ・もしくは少ない、休みがとりやすい」会社です。自分の時間を大切にしたい人が多いのでしょう。

3番目が、「給料、ボーナス、福利厚生がいい」会社です。

仕事をする以上はお給料をもらわなければいけないので、当然の結果とも言えます。

やはり**注目すべきは、Z世代は人間関係によって会社の好き嫌いを判断するということ**です。

次章では、そんなZ世代とどう接し、活かしていけばいいか、タイプ別に具体的に解決していきます。

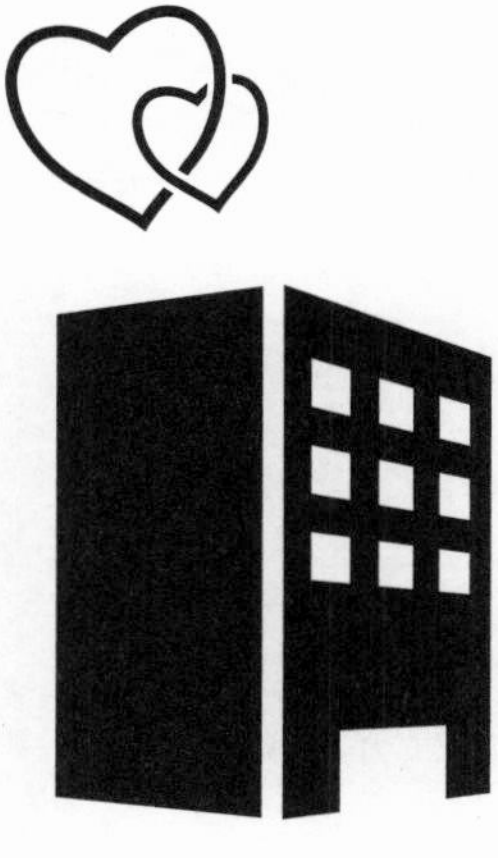

いい会社だと思った瞬間

＜雰囲気がいい＞

人間関係がいい	仕事の話を笑顔でできる
	若い人が多くて話しやすい
	理不尽な人がいない
	日頃の行いまでしっかり見てくれている人がいる
	会社全体で仲がいい
	部署を問わず仲良くできる
	意見を言い合えてなんでも相談できる職場環境がある
	上司に恋愛相談もできる
	上司に言いたいことを言える
	ありがとうが飛び交っている
	みんなあだ名で呼び合っている
イベントが楽しい	定期的にご飯へ行ってコミュニケーションをとれる
	社員旅行が楽しい
	飲み会が楽しい
	仕事外のコミュニケーションをとれる場所が多い
	休みの日に全員で潰れるまで飲み会をできる
	社長のひと声で、みんなでビアガーデン
	楽しい場所やおいしいご飯などをシェアする文化がある
	誕生日などのお祝いシステムがある

いい会社だと思った瞬間

＜時間の自由度が高い＞

残業が少ない	先輩が「早く帰れ」と言ってくれる
	残業なく上司は早く帰らせてくれる
	残業がない
	時間きっちりにあがれる
	定時で帰れる
	定時で帰れオーラがある
休みがとりやすい	休みを積極的にとらせてくれる
	休みだけはしっかりとれる
	有給をとりやすい・相談もしやすい
	産休育休などがしっかりしていて子育てと両立しやすい
	土日休み大歓迎なところ
	有給が前日申請でも可能
	GW・夏季休暇・年末年始など休みがたくさんとれる
	休みがある・定時で帰れる

アンケート結果まとめ

＜この会社をやめようと思った瞬間＞

・人に対する不満
・人間関係のこじれ・トラブル
・時間の不自由さ

＜嫌いな先輩＞

・精神的に不安定な人
・不快なことを言う人
・ずるいと感じる人

＜好きな先輩＞

・感じのいい人
・思いやりのある人
・フラットな人

＜いい会社だと思った瞬間＞

・雰囲気がいい
・時間の自由度が高い

Z世代の本音を理解しておこう

第4章

Z世代の取扱説明書
～3タイプ別ほめ方・叱り方～

部下へのアプローチはどうすればいい？

——3つのタイプによってアプローチを変えよう

Z世代と言っても十人十色、さまざまなタイプの人がいます。

わたしは同世代の部下をマネジメントする際に、相手に合わせて対応を変えています。

やはり**マネジメントは、相手を理解することがとても大切**なのですね。

さまざまな心理学にも触れながら、一人ひとりを見て何を伝え、どのように関わればその部下が成長するのかを模索した結果、Z世代は次の3つのタイプに分かれるという結論に至りました。

①ほめ伸びタイプ

言葉通り、ほめることで伸びるタイプです。

このタイプの人は、自由に行動することを許したほうが成長します。実際に結果を残してくれたときに思いきりほめるととても喜び、より率先して自分ができることを見つけ、取り組んでくれるようになります。

②叱咤激励タイプ

ほめても「いやいや…、そんなことはありません」と恐縮してしまうタイプです。

このタイプは、改善すべきことを見つけて指摘したほうが成長します。「きちんとしなければダメだよ」と伝えることで、「はい、すみません。きちんとがんばります」と言い、より素晴らしい成果を出すのです。

③楽観タイプ

あまり深く考えておらず、怒られてもほめられてもヘラヘラしている人はいませんか？

このタイプは、叱ると「先輩、怖いっす…」「いやもう、僕だってめっちゃ確認しているんですよ〜。でも、何回やっても失敗しちゃうんですよ」「僕、本当に仕事できないんですよね〜」と、ヘラヘラしながら返してきます。

指導に手を焼くことが多いかもしれません。

本章では、この3タイプ別のさまざまな場面でのアプローチを解説します。

ぜひ部下の指導に活用していただければと思います。

3タイプ別ほめ方

——タイプによって刺さるほめ方が異なる

「Z世代は、叱るよりもほめたほうがいい」と思われがちですが、ほめられることを嫌がる人も少なくありません。

3タイプで言うと、「ほめ伸びタイプ」と「楽観タイプ」は人前でほめられれば喜びますが、「叱咤激励タイプ」は「人前であまりほめないでほしい…」と思うタイプです。

また、「ほめ伸びタイプ」はほめられると心から喜ぶのですが、「楽観タイプ」のなかには、ほめられても「あ、そうですか？　うれしいっす」と軽く受けとめ、ほめられていることをあまり意識していない人もいます。

楽観タイプの場合、上辺の「ほめられた」ところだけを喜ぶ傾向があります。

本当は、ほめられたとしても自分だけではできなかったこと、ほかの人のサポートのおかげだったことなどをしっかりとわかってほしいところですが…。

なお、3タイプすべての人が承認欲求をしっかりと持っているので、ほめられること自体は、好意的に受けとめます。

どのタイプであっても、絶対にほめる意識は忘れないようにしてください。

ただ、タイプによってほめ方を変える必要があります。

詳しくは後ほどお伝えしますが、基本は次の通りです。

①ほめ伸びタイプ：存在自体を認めてほしい
②叱咤激励タイプ：プロセス・工夫したところをほめてほしい
③楽観タイプ：結果をほめてほしい

また、**Z世代には、「自分のことを大事に想ってくれている」と感じてもらうことが何よりも大切**です。そうでないと、言われていることをパワハラだと受けとめてしまう特徴があるからです。

「大丈夫？　しんどくない？」「このままだったらつらくない？　もっと○○をしたほうがいいと思うよ」というふうに、あなたが相手のことを大切に想っていることをきちんと伝えてあげてください。

日頃から、常に思いやりの気持ちを表現することが大切です。

3タイプ別NGワード
——タイプ別の「地雷」を踏まないよう注意！

Z世代の3タイプには、それぞれNGワードがあります。
ほめたり叱ったりする際には、「地雷」を踏まないように気をつけましょう。
次ページから、3タイプ別のNGワードと適切な伝え方をお伝えするので、ぜひ参考にしてください。

①ほめ伸びタイプ

×「これをしなかったほうがよかったよ」

×「あれはダメだったよ」

○**「こういうふうにしたほうが、もっといいよ」**

ほめ伸びタイプはマイナス意見を聞き入れられない傾向にあるので、否定することは絶対にNGです。
注意するときは、「いまのままでもいいけれど、こうするともっとよくなるよ」と伝えましょう。伝えている意味は同じでも、相手の感じ方がまるで変わってきます。

②叱咤激励タイプ

×「今月は300万円も売上をあげているね、すごいね！」

×「お客様がこんなふうにほめていたよ！」（結果をほめる）

×「同期で一番売上をあげているよね、すごいね！」（他人との比較）

○**「あなたがここをがんばったから、結果が出たよね」**

○**「お客様をずっと見て行動してきたから、結果が出たよね」**（過程をほめる）

○**「そういうことを気づかえる君だから、結果が出たよね」**（他人と比較しない）

> 叱咤激励タイプは、結果や数字ばかりをほめられると逆にプレッシャーになってしまうのでNGです。プロセスを見て、結果が出た理由をきちんとほめるようにしましょう。
> このタイプにはきちんと叱ってもいいのですが、誰かと比較することには敏感なので、ほめるときも叱るときも、他人と比較しないようにしましょう。

③楽観タイプ

✕

「天才だね！」

「本当にすごいね！」

「えらいね！」

○

「これだけできるんだから、ここをもっとがんばろうね」

楽観タイプはあまり堪えることがないため、ＮＧワードがほとんどありません。注意したいのは、ほめすぎないこと。ほめすぎると調子に乗り、細かなミスが増えたり、細かいことはほかの人に任せればいいと勘違いしたりするので、「ほめて、落とす」バランスが大切と言えます。

3タイプ別自己肯定感の特徴

——全体的に自己肯定感は低め

自己肯定感の高さをはかるのはとても難しいのですが、Z世代は全体的に自己肯定感が低いと言えます。

ただ、**3タイプの自己肯定感はある程度相関関係がある**ので、少し詳しくお伝えしますね。

3タイプのなかでもっとも自己肯定感が高いのは、「楽観タイプ」です。

本人は気づいていなくても、「自分大好き」な傾向があります。

一方で、「ほめ伸びタイプ」と「叱咤激励タイプ」は、あまり自己肯定感が高くありません。

なかでも叱咤激励タイプは、むしろ「自己否定感」が強いところがあり、何かと「自分がどうにかしなければ…」と、自分を責めてしまう傾向があるのです。

自分を高く見せている人のほうが、じつは自己肯定感が低い場合が多いので、過度に自分をよく見せようとする人は、本当のところ、自信がない人と言えます。

本当は自信がない……

人のタイプはずっと変わらないの？

——変わることも、複数のタイプを持つこともある

本書でお伝えしている3タイプは、心理学やコミュニケーション理論をベースにしながら独自にまとめたものです。

すべてのZ世代の人たちに細かく当てはまるものではない場合もあるかもしれませんが、「そんな見方もあるのか」ととらえてください。

ちなみにわたし自身は、もともとは「ほめ伸びタイプ」でしたが、仕事をするよ

うになって、「叱咤激励タイプ」に移行してきました。

このように、社会経験で変わっていくこともありますし、ひとりの人に3つのタイプが共存していることもあります。

ですから、**見分け方が難しい場合は、時期によって「いまはどのタイプが強く出ているか」を感じながら、使い分けてみてください。**

「ほめ伸びタイプ」の特徴

――ほめちぎることで伸びるタイプ

「ほめ伸びタイプ」の特徴は、次の通りです。

・プライドが少し高め
・見た目がキレイで容姿端麗な人が多い
・人からよくほめられて育ってきた
・怒られることにあまり慣れていない
・これまで生活で苦労したことがなかった

・否定に対する耐性がほとんどない

前述しましたが、わたしは以前、このタイプでした。
「みくるちゃん、本当にすごいね！」と言われるのはくすぐったい反面、ほめられることでとても伸びました。

このタイプは人から否定的な言葉を言われることへの耐性がまったくなく、少し何かを指摘されただけで「もう帰りたい…」「もう嫌だ！」となってしまうほど、否定されることがとても苦手です。

否定をしても何もいいことは生まれないので、**育成のためには、とにかくほめちぎるのが最善策です**。

小さなことでも、実際に言葉にしてほめてあげてください。

「ほめ伸びタイプ」には何が大切？

——まずは信頼関係を結ぶところから

ほめ伸びタイプは、「いじられること」があまり好きではありません。

とくに、否定的な内容を冗談っぽくいじられることを嫌います。否定されることにとても敏感なので、冗談でも受け入れることができません。笑い者にされることが嫌で、自分が人をいじる側になっていることが多い傾向もあります。

ほめ伸びタイプかどうかの見極めは、慎重に行いましょう。3タイプのなかでは、最初の関係性づくりをもっとも慎重に進めることが必要だからです。

このタイプは、話しているときに嫌だと思うことがあると、表情や雰囲気、返答の仕方でバリアを張ります。話があまり深くならないような返答をしたり、いじられることが嫌そうな雰囲気を出すこともあります。

恋愛のことも、あまり踏み込んで聞かれたくない、と思う人がよく見られます。自分のマイナス要素を知られたくないため、相手がたやすく内側に入ってこないようにガードを固くします。

ただ、「心を許せる相手」にはたくさん話をしたいと思っているので、まずはこちらが「心を許せる存在」になる必要があります。それを見極めず、最初からグイグイと踏み込んで入っていくと嫌われてしまうので、不躾な質問はせず、プライベートな話は関係性ができたと感じてからにしましょう。

厚い信頼関係を築くことができれば、決して裏切るようなことはせず、あなたを喜ばせたい一心で、一生懸命仕事に取り組むはずです。

「ほめ伸びタイプ」を叱るときは

――まずはこちらが折れること

「ほめ伸びタイプ」と信頼関係がまだできていない段階でも、注意をしたり、改善してほしいことを伝えたりする場面は訪れるはずです。

このタイプの場合は、**まずはあなた自身が謝ることから始めるのがおすすめです。**

その人ができていなかったとしても、相手のせいにはせず、こちらから折れて、「あなたができるようにさせられなかった自分がいけなかった」と伝えるのです。

「ここはもっとこうしてほしいのに、これもできていないよ！」

「ここをきちんと教えられなくてごめんね。本当は、このようにしてほしかったんだ…」

命令のような口調で叱ると、ほめ伸びタイプは「否定された」と受けとめますが、責任の所在を「はっきりと指示をしなかった側」にすることで、「いえ、わたしができていませんでした。すみません」と自分から改善点を受け入れるでしょう。
まずはあなたが謝り、相手の気持ちを汲みとったうえで「次からは、こうしてほしいな」と丁寧に伝えると、ほめ伸びタイプは行動を改善します。

ポイント
改善点を伝えるときはかならずマンツーマンの状況をつくり、みんながいる前で叱ることは避けましょう。

「ほめ伸びタイプ」を伸ばすには
——どんなときもほめることを忘れずに

ほめ伸びタイプの人が壁を突破できずに苦しんでいて、本人も気にしているように感じられたときは、どのような対応をすればいいのでしょうか。

「ほめ伸びタイプ」は、ほかのタイプ以上に怒られることを怖がります。

プライドが高いため、失敗して怒られたり否定されたりすることが、何よりも怖いと感じるのです。ですから、どんなときもできていることを見つけ、ほめてあげましょう。

◎

「十分できているよ！　大丈夫だよ！
あなたはもっとできるよ！」（悩んでいるとき）

◎

「責任はこちらがとるから。
何か失敗しても、あなたの責任にはならないから。
大丈夫だから、できる限り、自分でやってみて」
（チャレンジをうながすとき）

このタイプには、「わたしが責任をとるから、やれるところまでやってみなよ。もちろん、いまでも十分素敵だけれどね！」と伝え、チャレンジすることへの不安を取り除いてあげましょう。そうすると、「それならやってみよう！」と気持ちを切り替え、一生懸命取り組めるようになります。

ほめ伸びタイプをもっと伸ばしたいとき

×

ただほめるだけ

「これもできるんじゃない？　やってみなよ」

○

**「すごいね！

でも、これもできるようになったらもっとすごいね！」**

ポイントは成果物をほめること

ほめ伸びタイプを育成する最良の方法は、「仕事を任せること」です。「1回やってみて」と任せて、結果をほめてあげましょう。

いつもと同じことをお願いし、ただほめるだけのパターンで仕事を進めると、お願いされることをただ待つタイプになってしまう危険性があります。

「これだけやりました！　ほめてください！」となってしまうと伸びなくなるので、現状を認めたうえで、次のステップでも優しく提示してあげてください。

ほめ伸びタイプをさらに伸ばしたいとき

〇 **「まずは自分で1回やってみて。あなたならできるから！」**

〇 **「え？　頼んでいないのにやってくれたの？　うれしい!!　ありがとう！」**

✕ **任せた結果に対して怒る**

ほめ伸びタイプをさらに伸ばすには、本人に考えさせることも大切です。気をつけたいのは、そのときの結果に対して怒らないこと。怒ると自分で考えることが怖くなり、「指示待ち人間」になってしまいます。自分で取り組む環境をつくり、自分で考えて取り組んだことをほめてあげましょう。また、自主的に動いたら、そのことも認めてあげてください。そうするととてもうれしくなり、自分で考えて行動する人になるでしょう。

叱咤激励タイプ
——「気にかけてほしい」と思っている繊細なタイプ

「叱咤激励タイプ」の特徴は、次の通りです。

・ほめられても「いやいや、全然そんなことありません」と答える
・繊細で、空気が読める人が多い
・場に応じて態度・対応を変えることができる
・周囲に気を配ることができる
・怒ってもらえることに少し愛情を感じる

・相手からの言葉で、「自分のことを想ってくれている」と感じたい
・「ほめられたい願望」よりも、「かまってもらいたい願望」が強い
・人から言われたことを「このように解釈して話しているのだろうな…」と頭のなかで細やかに考え、相手の伝えたいことを汲みとる力がある

相手を想っていることが伝わる声かけは、3タイプすべてに対して心がけたいところですが、とくに「叱咤激励タイプ」にはしっかりと伝えてあげる必要があります。

叱咤激励タイプで何よりも大切なのは、「気にかけてあげること」です。

ひとりで抱え込みすぎていないか、重荷を感じて困っていることはないかを確認しましょう。

そうでないと、余裕がなくなったときに、爆発してしまうからです。

「叱咤激励タイプ」をほめるには
——人前ではなく個別で

どのタイプにも承認欲求はあるため、ほめることは必要です。

ただ、ほめ方、ほめる場所は、それぞれのタイプに合わせて変えたほうがいいでしょう。

「叱咤激励タイプ」は、みんなの前でほめてもらいたい「ほめ伸びタイプ」とは真逆なので、間違えないようにしたいところです。

✖

人前でほめる

叱咤激励タイプは、ほめられることが恥ずかしいタイプなので、人前ではなく、個別にほめましょう。

〇

「やっていることを、いつも見ているよ」

〇

「いつもがんばっているね」

ほめるときは、あなたがしっかりと見ていることを伝えます。
決して大げさではなく落ち着いて、サラッと伝えてあげたほうが、このタイプは喜ぶでしょう。
「見てもらえていた」と感じると、じわじわと喜びがわきあがり「ありがとうございます！」とほめられたことを受け入れます。

「叱咤激励タイプ」を叱るときは

——改善点をはっきりと伝える

✖ **叱らない・無視**

叱咤激励タイプにとってもっともつらいのは「無視」です。このタイプにとっては、「叱ってくれないこと」が、そのまま不安につながります。

○

「ここは十分にできているね。
だから、ここはこのようにしてね。
なぜなら、△△という理由だから」

叱咤激励タイプには、改善してほしい点をはっきりと伝えたほうが伝わりやすく、本人も納得できます。
本人は考えて動いているつもりなので、不十分な点を注意するときも、考えて動いていることについては認めてあげてください。認められていると感じられないまま進むと、自分ひとりで抱えて、苦しくなってしまうタイプだからです。

「いいからやりなさい！」

「たとえば、こういうときはこうだよね？」

叱咤激励タイプは、たとえ話が好きな人たちでもあります。「たとえば、こういうときはこうだよね？」と伝えてあげることで、腑に落ちるのです。なぜダメなのか、理由が必要なため、例題を用いて説明することで、より納得感を得られます。「いいからやりなさい！」と言われて取り組むことが、一番苦手なタイプと言えます。

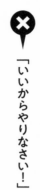

「叱咤激励タイプ」を伸ばすには

――相手を認めたうえで、煽ってみる

×「大丈夫だよ、やってみなよ!」

叱咤激励タイプには、優しく声かけをするよりも、「やらなくていいのなら、別にいいけど」とお尻を叩いたほうが伸びます。

「そんなのでいいの？　もっとできるんじゃないの？」

「〇〇さんならもっといけると思うけれど、そこでいいの？」

叱咤激励タイプが伸び悩んでいるときには、「もっといけると思うけどね」と相手を認めたうえで、煽ってみましょう。

「もっとできるんじゃないの？」と言ってあげるのが有効です。


このタイプは、できることとできないことの差が大きい傾向があります。

悩んでいるときには、自分にはないもの、もしくは自分にはできないことについて考えていることが多いのです。

どこで何に注力していいかがわからずに悩んでいるため、気づかせる声かけが必要です。

そこまでしてやらなくてもいいということなら、そのことを伝えてあげましょう。

叱咤激励タイプの人はいろいろな才能を持っていたり、まわりのことを見てあげたりすることができるのですが、悩んでいるときは、「得意なこと」よりも「できていないこと」に意識が向いてしまっているのかもしれません。

できなくてもいいところでつまづいているのなら、「そこは別にできなくてもいいよ」と明言してあげましょう。

そして、もっと取り組めばできることに悩んでいるときは、煽るような声かけをして、自分で走っていけるように背中を押してあげてください。

悩んでいることをきちんと見極め、できないことはできなくてもいいということをきちんと伝えましょう。できないことでずっと悩み続け、負のループにはまってしまうことを防ぐためです。

楽観タイプ
——叱られてもヘラヘラしている、深く考えないタイプ

「楽観タイプ」の特徴は、次の通りです。

・叱られてもヘラヘラしている
・感覚値でいろいろとできる人であり、物事を深く考えず、理由を追い求めない
・「なぜ?」「どうしてこうなっているんだろう?」「この人はなぜこのように思っているのだろう?」などと深く考えない
・割と器用なタイプでなんとなくできてしまうため、わからずに「なぜだろう?」

と考える思考をそもそも持っていない
・怒られてへこんでいるふりをしていても、じつは気にしていない
・ほめられたら喜ぶものの、なぜほめられているのかまでは考えない
・人から言われた言葉をそのまま受けとるタイプ
・あまりまわりを気にしていない
・人から言われた指示で行動することが多い
→「怒られるから○○をする」「ダメと言われたから△△はしない」
・根本を理解しないため、同じミスを繰り返してしまう
・誰でもできる簡単なことや単純なミスを繰り返すことが多い
・「わかっています！」と言いつつも、じつはあまりわかっていない
・話を聞いているようで聞いておらず、聞いた直後に耳から抜けてしまっている
・矢印が自分に向いている

「楽観タイプ」の人は明るく、割と人気があるタイプです。
叱られてもあまり気にしないため、ミスをして自分が叱られても、同じことを繰

り返す傾向があります。

また、お客様に対する想いは少ないほうなので、注意する際にお客様に迷惑がかかることを伝えてもあまり響きません。

たとえば飲食店のアルバイトで遅刻をしたときに、レジが開かなくてお客様に迷惑をかけることを伝えても、「お客様に申し訳ない」という気持ちがあまりわいてこないのです。


もっとも、学校には遅刻をするものの、アルバイトにはあまり遅れないタイプです。なぜなら、店長や一緒に働く人に迷惑をかけるからです。お客様は「遠い存在」ですが、**「仲間に迷惑をかけたくない」という意識は強い**のでしょう。

学校に遅刻するのは、「自分に迷惑がかかるだけだから、まあいいか」と思っているのかもしれません。

「楽観タイプ」を叱るときは

――「心に刺さる言葉」を伝えよう

✖ 声を荒げて叱る

楽観タイプの人を叱るとき、声を荒げるのはＮＧです。

じつはあまり効果がないからです。どれだけ厳しく伝えても、「怖いっすよ～」「また怒られた…」と受けとめるのが、このタイプです。

「あなたが大切に想っている上司が、あなたのしたミスによってどう評価されるのかを、いつも意識してください。上司がつくりあげてきた実績や成果が、まわりからどう見られるのか、自分で考えて行動してくださいね」

> 楽観タイプの人を叱るときは、「心に刺さる言葉」を伝える必要があります。ミスをしたことでどんなことが起きてしまうのかを理解していないことが多いので、本質の話をして、「心に刺す」のが有効です。

楽観タイプは身内を大切に思っているので、自分のミスによって誰に迷惑がかかっているのか、誰が困るのかをきちんと伝えることで、意識が変わる可能性があります。

つまり、自分が怒られることに意識を向けるのではなく、ミスによって好きな上司や先輩が「ダメな人」と思われてしまうことをきちんと理解させましょう。

大切な人を想うことはできるのですが、自分のミスで会社の評価を下げてしまうことを理解していません。上司や先輩の評価を下げる行動をすることで、さらにその先の人たちが悲しくなってしまうことまでは想像できないのです。

とにかく**「自分の大切な人たち」が困っていることを伝え、矢印が「自分」に向いていることで誰かに迷惑がかかっていること、自分以外の人たちが困っていることをわかってもらいましょう。**

楽観タイプは、人前で叱ってもかまいません。

なぜなら、あまりまわりを気にするタイプではないからです。

もしかすると、人前で叱ったほうがシャキッとするかもしれません。

「楽観タイプ」をほめるには
――人前でたくさんほめてあげよう

楽観タイプは、ほめられることがとても好きです。

自分に矢印が向いている分、自分を評価してくれる人のことは大好きなのです。

ただ、

「この人はわたしのことをとてもほめてくれた。だからもっとがんばろう」

とは思いません。

「やった！　ほめられた！　うれしい！」

と考えるだけです。

人前で、たくさんほめてあげると伸びるでしょう。

細かな評価についてはあまり気にしないところがあるので、がんばったのか、がんばっていないのかをシンプルに見てあげてください。

いいほめ方

「(深い話をたくさんして)こういうところにつながっているんだよ。すごいね」

「売上1000万円を達成したね。すごいね!」

楽観タイプはあまり深く考えていないため、「がんばったね」「これだけやったんだ、すごいね」というほめ方のほうが喜びます。

わかりやすい数字で表現できる成果について、数字の根拠とともにほめてあげると、本人も理解できます。

「楽観タイプ」を伸ばすには

——矢印を外側へ向けさせよう

「楽観タイプ」の部下を伸ばすには、矢印を「自分」ではなく「外側」へ向ける練習をさせましょう。

このタイプの人は、一度「まわりの身内や先輩が困るから、がんばろう！」と思っても、少し時間が空いたり、油断したりすると、すぐに矢印が自分に戻ってしまう側面を持っています。

ですから、元に戻らないようにするには、日頃から習慣的に取り組ませましょう。

物事を見たときに、誰がどうしているのか、何がどう動いているのかを見る訓練をさせて、意識を外側へ向ける練習を繰り返すことで、成長する可能性を秘めています。

一方で、自分に矢印が向いている分、自分でできることには一生懸命取り組みます。ひとりで責任を持って取り組むタイプの仕事、単独行動の仕事にはとても向いていると言えますね。

わたしの知人がこのタイプですが、自分でできることには徹底的に取り組む、職人タイプです。

新しいことに取り組んでもらうとき
——「失敗しても、大丈夫」と伝えるのが大前提

一般的な話として聞くことが多いのは、「Z世代は自分で決めた枠のなかで行動する」ということです。言われてみれば、そんな面もあるかもしれません。

Z世代の部下に新しいチャレンジをしてほしいとき、どんな働きかけをすればいいでしょうか?

まず、「3タイプ」に関係なく共通しているのは、**たくさん機会を与えてあげて、**

結果に対して否定しないことが大切だということです。

とくに叱られた経験があると、Z世代はチャレンジしなくなります。また、とても敏感なので、言葉だけでなく嫌な顔をされたり、暗い感じで「ああ…OK…」と言われたりすると、「ダメだったんだ…」と繊細に感じとりやすいのです。

Z世代に限らず、叱られた記憶があることについては、また叱られたくなくて、挑戦する意欲を失ってしまうことがありませんか?

たとえば「新しい企画を出して」と言われて出したのに否定されると、とくにZ世代は、自分の意見より、上司や先輩に叱られない企画を出すようになってしまいます。

そもそも、わたしも含めて、叱られる耐性がない人がとても多いので、否定されない枠組みで動くほうが賢いと考えるのです。

新しいことに取り組んでもらいたいときは、「やってみなよ。失敗しても大丈夫だから」と伝えることが前提です。

ほめ伸びタイプにチャレンジさせる場合

——まずはほめて、改善点を伝える

新しいことに取り組んでもらうとき、ほめ伸びタイプには、とにかくほめてあげることが大切です。不安そうにしていても、「いや、絶対に大丈夫だよ。失敗しても平気だから！」という枕詞をつけると、より挑戦しやすくなるでしょう。

ほめ伸びタイプにチャレンジさせたいときは、行動した結果がマイナスだったとしても、まず「すごい！　天才！」とほめてあげましょう。そうすれば、その後も自発的に行動するようになります。

「センスがあるね！」「天才！」「手を加えなくてもいいよね」と伝えたうえで、「こういうふうにしたほうが、もっとよくない？」と伝える

「これだけ完璧にできるなら、もしかするとこんなこともできる？　え、できるの？　すごいね！」と煽る

改善をうながしたいときは、修正があがってきたら「すごくいいじゃない！」「何も知らなくても、いいものをつくるよね」といったん肯定したあとに、「そこを少し～すればもっといいかもね」と伝えると、とても伸びます。さらに「こんなこともできる？　すごいね！」と煽れば、喜んで動くはずです。

叱咤激励タイプにチャレンジさせる場合

——「フォロー」のある安心感が大切

叱咤激励タイプには、かまってほしいと思っている、とても繊細な人が多く見られます。何か言われると、「あ、ダメだったんだ…」と感じやすいタイプです。否定されたとき、ほめ伸びタイプはプライドが高いので「ムッ!」となるのですが、叱咤激励タイプは「しょぼん…」となってしまいます。

決して否定せず「一緒にやろうか?」と声をかけ、「新しいことを一緒にやってみない？　あとからフォローするし…」と伝えれば動いてくれます。

本人も気づいていませんが、じつは「かまってちゃん」なので、フォロー体制があること、気にかけていることを伝えてあげましょう。

決して、叱られることが好きなわけではないものの、正論ならある程度叱っても問題はなく、冷静に伝えることで、より動いてくれるようになるはずです。

叱咤激励タイプは繊細な人が多いので、目的をしっかりと伝え、「そこまでやっていいよ」と枠組みがわかるようにしたほうが、新しいことに取り組みやすいと言えます。

どこまですればいいか迷いがちな分、指示を出す際は、たとえば

「AとBとCの資料をつくってほしい。内容は〜という感じのことを入れたいなと思っているんだけど、お願いできる？」

と、細かく・わかりやすく伝えてあげたほうがいいでしょう。

そして、「もしわからなかったら、いつでも聞いて」と添え、フォロー体制がしっかりしていることも補足してください。そのほうが、安心して取り組めます。

楽観タイプにチャレンジさせる場合
――事務的に伝えず、未来を見せる

ほめ伸びタイプと叱咤激励タイプは繊細でナイーブな人が多いのですが、楽観タイプは体育会系に多い傾向があります。ですから、少し厳しく言われても、あまりへこたれないのです。

そんな楽観タイプに新しいことをしてほしいときは、あまり細かな配慮をしなくても大丈夫です。なぜなら、基本的に体育会系であり、「やって」と言えば行動す

るからです。ただ、

・意味がわからずに始めてしまう
・言った範囲のことしかしないことが多い

といった面があります。

わたしも、このタイプの部下に新企画のプレゼン資料をお願いしたとき、「はい、ひとまずつくってみます！」と走り出すので、心配になったことがありました。楽観タイプには、その仕事をすることで何がどうなるか、という背景を伝えることが大切です。

また、「実績をコツコツ積み上げたらこうなっていくよ」といったプロセス重視の見せ方をするよりも、最初に「これに成功したらこうなるよ」と未来を見せてあげたほうが、動いてくれます。

勝つことや優勝を目指して取り組む体育会系の要素があるので、最初に未来が見えるほうが心が動くのでしょう。

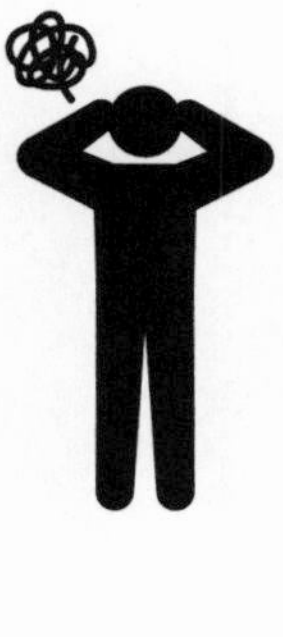

✕

「こうやって、こういう手順を踏んで、こう取り組んでください」

〇

「今回の仕事はこんなクライアントさんのこんな内容で、これができるようになれば君はとても成長する。そうすると、次にはこんなこともお願いできるようになるから、一度試しにやってもらえないかな？　最初だし、失敗してもＯＫだから」

楽観タイプに事務的に伝えることは、ＮＧです。
「これができたら、〇〇ができるようになる」という未来を見せるほうが心に刺さり、動いてくれやすくなります。
なお、「最初だから」「失敗してもＯＫ」というフレーズは、どのタイプにも必要です。

Z世代が落ち込んでいるときには？

――タイプ別にアプローチを変えよう

Z世代のメンバーが落ち込んでいるとき、落ち込んでいる理由がプライベートからくることなのか、仕事で成果をあげられなくて悔しいからなのかによって、すべき対応も変わります。

ここでは、仕事でミスをしたときに絞って、タイプ別にどう対応するかお伝えします。

①ほめ伸びタイプ

×　心配そうに「大丈夫？」と同情する

×　「こうすればよかったんじゃない？」とアドバイスをする

○　**「大丈夫、大丈夫！　そんなに気にすることはないよ！」**

ほめ伸びタイプはプライドが高いので、ミスを叱られたくないうえ、同情されたくもありません。

ミス自体には触れず、あまり気にしていない振る舞いをして明るく「大丈夫だよ！」と伝えるのがいいでしょう。絶対に深刻な雰囲気で言わないでくださいね。

②叱咤激励タイプ

× 放置する

○ 「ご飯でも食べに行こうよ！」

○ 「ちょっと愚痴でも話そうよ！」

このタイプはとても繊細で、もっとも落ち込みやすいタイプですが、落ち込んでいることに周囲が気づきにくい分、自分から悩みを相談するのが苦手な傾向もあります。

その一方で、かまってほしいタイプでもあるので、自分に向き合ってくれていることに喜びを感じます。おすすめの対応は、気にしてあげることです。普通に笑って、同じ時間を共有しましょう。ご飯に誘うのもおすすめです。

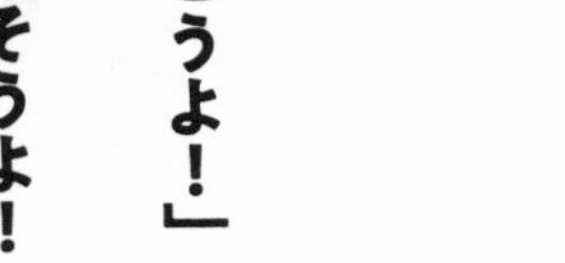

③楽観タイプ

× とくになし

〇 基本的に、放置でOK

このタイプは、もっとも落ち込んでいることに気づくのが難しいタイプですが、まったく落ち込まないわけではありません。ただ、自己解決ができるので、友人と飲みに行ったりすることで勝手に元気になります。

ですから、まわりがわざわざ介入する必要はありません。落ち込んでいるとわかっても気にせず、触れずに放っておきましょう。

楽観タイプのことは、基本的に放置するのが最善策です。

第5章

管理職へ贈る Z世代の取扱説明書

Z世代と信頼関係を結ぶには
——まず相手の好きなものを見つけてあげる

「信頼関係が大切」と言われますが、違う世代の人同士で信頼関係を結ぶのは、簡単なことではありませんよね。

信頼関係の結び方はさまざまなので、ひと言で言うのは難しいのですが、**基本は相手をどれだけ見ているのかがカギ**ではないでしょうか。

たとえば同じZ世代でも、プライベートの話ができる上司を素敵だと思う人もいれば、「仕事で信頼できればいい、むしろプライベートの話には入ってもらいたくない」

と思う人もいます。

人によって価値観が違うので、パーソナルスペースにどこまで入れるのか、しっかりと見極めなければいけません。

その見極めができず、相手が踏み込んでほしくないところまで入ってしまうため、パワハラやセクハラと言われてしまうのです。ですから、相手をしっかりと見なければいけません。

怒鳴り散らすようなパワハラをしている人は、随分少なくなってきたのではないでしょうか。現在パワハラやセクハラと呼ばれる言動には、ちょっとした言葉のニュアンスによるものが増えてきています。

わたしの友人がいつも「あれは絶対にセクハラだ」と相談してくるのは、上司から「制服のサイズ、ワンサイズ大きくしたほうがいいんじゃないの？」と笑いながら言われていることです。

この場合の問題は、本人がコンプレックスに感じていることに踏み込んでしまっていることです。相手のコンプレックスを見極められず、地雷を踏んでしまうと、パワハラ・セクハラになってしまいます。

この友人は、もともといじられることを嫌がるタイプではありません。普段から、みんなに「あほやなぁ」「わがままやなぁ」と言われても、まったく嫌がらないどころか、「わたし、わがままだから」と開き直って、言い返してくるほどです。

ところが、見た目については友人関係のわたしでも触れません。なぜなら、彼女が見た目に対してコンプレックスを抱いていることをわかっているからです。

その友人は、いつも「○○がかわいい」「かわいいのが大好き」と言っていて、「見た目が太った」「最近、肌が荒れている」といったほんの少しの見た目の変化をとても気にします。ですから、見た目に対するコンプレックスを持っていることがわかります。

何が言いたいかというと、人には触れてはいけない禁止ワードがあるということです。それを普段の会話から理解し、触れないことが、信頼関係を結ぶうえで大切なポイントになるのです。

信頼関係を結びたいときの近道は、部下の好きなものを見つけることです。

あなたは、部下の好きなものを3つ言えますか？

きっと、言えない人のほうが多いのではないでしょうか。好きなものを見つけるには、次のことがおすすめです。

- **机に置いてあるものを見る**
- **日頃の持ち物に注目する**
- **普段の会話内容を気にする**
- **SNSを交換している場合は、LINEなどのアイコンに注目する**

ここで見たことを話題にして、話を広げてみてください。

相手の好きなものが、いまよりもわかるようになるはずです。そして、相手がカチンとくること、嫌がること、そして触れてほしくない部分を理解することも、同時に心がけてみ

てください。

Z世代と信頼関係を築くには、３タイプの特性を気にするよりも、まず相手の好きなものを知る努力をすることが大切です。好きなものが３つ言えることと、コンプレックスに触れないことがとても重要であることを、ぜひ知っておいてくださいね。

また、気をつけてほしいのが、距離感です。人によってはプライベートの話をしたくない人もいれば、聞いてほしい人もいるからです。

たとえば、直球で「言われたら嫌なことは何？」と聞くことは基本的にマイナスです。いきなりそんなことを聞かれたら、「怖い…」と思われてしまいます…。

もし聞きたい場合は、次のように軽く尋ねるのがおすすめです。

「ほかの人が、『こんなことを言うのはパワハラだ、セクハラだ』って話していたんだけど、こんなことを言われたら『うっとうしい…』と思うことってある？」

ただし、**一度で仲良くなろうとするのではなく、たくさんコミュニケーションをとり、時間をかけて関係を構築するよう意識してくださいね。**

興味がない仕事でも取り組んでもらいたいとき
——まずは、こちらが相手に興味を持つところから

仕事ですから、好きなことばかりをしているわけにはいきませんよね。

「この人は、どう見てもこの仕事に興味がなさそうだな…」と思っても、取り組んでもらわなければいけないことも多いでしょう。

Z世代の部下に興味のなさそうな仕事をしてもらうとき、わたしの場合は3タイプを意識せず、「その人が好きなこと」に紐づけて話すようにしています。

つまり、スポーツが好きな人なら、スポーツを事例にして説明するのです。

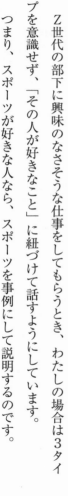

たとえば、お客様への提案内容を考えてもらうときには、こんな話をします。

「そもそも企画を提案することって、スポーツのトレーニングメニューを考えることと似ていない？　この人にとっての最善のプランは何かを考えることは、オーダーメイドのトレーニングメニューをつくることと同じだから、これができるようになるとお客様に喜んでもらえるよね。いい提案ができるようになれば、どんどん仕事がおもしろくなるよ」

料理好きな人に対しては、こんな話をすることもあります。

「企画の提案と、料理のメニューを考えることって似ていると思うんだよね。冷蔵庫の食材を組み合わせて何をつくろうかと考えることは同じなの。それができるなら、企画を考えることもできるはずだよね。考えられるようになったらもっと幅が広がりそうだし、企画内容をお客様が喜んでくれるんだよ。料理を誰かのためにつくろうと思ったら、気持ちが変わるよね。誰かを思いやれる人になったら、絶対に素敵な奥さんになると思うんだよね。がんばって、結婚相手をゲットしようよ！」

興味のないことに少しでも気持ちを向けてもらうには、まずは相手に合わせることが大切です。その人が好きなことに紐づけて話をすれば、相手も「やってみようかな」という気持ちになるのではないでしょうか。

相手が興味を持っていないことに関心を持たせようと思っているなら、まずはこちらから、相手に興味を持ってみませんか？

相手が何を好きなのかを知ることは、信頼関係を築くための大切な一歩です。

上司として、まずは部下に興味を向けてください。

まずは自分から
相手に興味を
持ってみる

Z世代をやる気にさせるには？

——大切なのは、ごほうびとコミュニケーション

Z世代をやる気にさせたいときに効果があるのは、ごほうびです。「これが終わったら、みんなで焼肉を食べに行こうね！」と言えば、やる気になる人は多いはずです。ごほうびの方法は、会社や組織、関係性によって違うでしょう。

もちろん、ボーナスもごほうびのひとつです。目標に向かってやる気を高めたいときには、心理面だけでなく、外部的な要因も必要でしょう。

〈やる気にさせるアプローチ例〉

・疲れている様子が見えたら、「おいしいスイーツを食べよう！」と誘う

・現場へ行った帰りに「おいしいスイーツを食べて帰ろうね」と誘う

→「明日からまたがんばろう！」という気持ちを込めて誘い、「おいしいスイーツを食べたことは内緒だよ」と言って、現場から一緒に帰る

結局、**やる気を出させるにはコミュニケーションが大切**なのです。

ただ、あまり信頼関係ができていない人を無理やり食事に誘うと、嫌われる可能性があるので、気をつけましょう。

わたしの友人の会社では、社員をやる気にさせるためにとてもおもしろいことをしています。ほとんどの社員が20～30代で、70名ほどの会社なのですが、毎月「ＭＶＰ会」というものを開いているのです。いろいろなＭＶＰを発表し、表彰されたＭＶＰの人たちが選んだお店で社長がコース料理を食べさせてくれるそうです。

ＭＶＰの種類が豊富で、営業で一番をとった人はもちろん、部署ごとに一番の人を決めたり、ときにはチーム戦で一番を競ったりしています。最優秀チームになるために、みんなが協力しているのです。

一番ダメだったチームでも、「次に期待で賞」をもらえるそうです。

みんなが納得できるように、ＭＶＰはほとんど数字で判断できるようにしています。

「社長が選んだ」となると、不公平感が出てしまうからです。

営業以外の数字で評価するのが難しい人たちの場合は、別の部門で競っています。

たとえばコンサルティング部門の人たちは、お客様アンケートで「一番人気のコンサルタント」を選び、事務系部門の人たちも、「いつも笑顔が素敵で賞」をもらえるなど、工夫して賞を設けています。アットホームで、いい会社ですよね。

こんな会社なら、やる気がアップするのではないでしょうか。

「ハラスメント」を招かないために

——13のポイントを押さえよう

近年はどの企業も「ハラスメント」に神経質になっています。

わたしも会社員として働くなかで、「これってパワハラじゃないの？」と感じた経験があり、また同年代の友人から相談を受けることもあるので、Z世代から「それはハラスメントです！」と言われないよう、次のことに留意してはいかがでしょうか。

1 「なんで？」「どうして？」ではなく、「何かあった？」「大丈夫？」といった言葉を使う

2 「期待しているから」という言葉は、イントネーションや受け手のタイプによっては「圧」に感じるので、注意が必要

3 関西弁は、とくに慣れない人には怖いので、控えめに

↓語尾に「ね」や「よ」を入れるだけで、柔らかく聞こえます

4 ミスだけを指摘するのはＮＧ

↓このミスをするとどうなるのか、結果的に自分にとってよくないと自分事として考えさせましょう

↓「自分のことを思ってくれている」と相手が感じる言葉をかけてあげてください

5　「いま、忙しい！」で終わらず、いつなら時間をつくれるかをきちんと伝える

6　「成果」のみで判断せず、「過程」を評価してから指摘する

7　陰で他人の悪口を言わない

↓Ｚ世代は敏感なので、「自分も陰で言われているのでは？」と心配します

8　愚痴を言っているときに、否定しない

↓「そんなことを言うもんじゃないよ」はＮＧ、「そう思うときもあるよねぇ〜」はＯＫ

↓どうしても改善、もしくは撤回したい内容の場合は、「そう思うときもあるよねぇ〜」に続けて、「でも、こんなとらえ方もできるよね」と意見を出してあげましょう

9　指摘・指導したあとは、フォローやアイスブレイクを入れる

10　小さいことでも、日頃から感謝の気持ちを伝える

11　Z世代は、気分のアップダウンが激しい人が苦手なので、できる限りわかりやすく、統一する

12　人に決めつけられるのは嫌いなものの、自分ひとりで考えさせられるのも不安なため適度なフォローが必要

13　否定されることに免疫が少ないため、できるだけ肯定してあげる

「いろいろ面倒だな…」と思われるかもしれませんが、これらを意識することで、関係性はぐっとよくなります。Z世代も、人生の先輩に歩み寄りたいと思っている人は多いのです。

お互いに「入口」を間違えなければ、コミュニケーションは円滑になるはずです。

意識することで
関係性はよくなる

「ハラスメント・ハラスメント」で悩まない！
――「ハラ・ハラ」をする人のことは気にしすぎない

最近は、「ハラスメント・ハラスメント（ハラ・ハラ）」に困っている企業も多いのではないでしょうか。とくに、部下が上司に対して「なんか嫌だな」と感じたとき、「それってパワハラですよ！」と脅すようなケースも出てきており、疲弊している管理職の方々も少なくないでしょう。

部下に必要な注意や指導をしたのに「パワハラだ！」と返されたら、「じゃあ、どうすればいいの？」と思ってしまいますよね。

これはわたしの見解ですが、このような訴えをするのはごく一部の人だけではないでしょうか。傾向として、自己肯定感がとても低いために嚙みついてくる人が多いのではないかと思うのです。幼少期から家庭などで「何か」を感じ取り、自分に対する否定感を持ち続けているケースが少なくないように感じます。

嚙みつく人は、とても敏感な人なのでしょう。

ハラ・ハラをしてくる人は、本当は寄り添ってほしい、ほめてほしいと思っているはずです。もっとも扱いが面倒なタイプとも言えます。

ほかの人はリスクヘッジとして、依存先を複数持っているものですが（依存がいいとは思いませんが…）、ハラ・ハラをするタイプの人は依存先をひとつに絞り込んでしまいます。

依存していたのに、何かのきっかけでその相手を敵視することもあるので、ひとつのコミュニティに定着せず、長い付き合いもできません。結果として、すぐに会社をやめてしまうのです。

このような人を変えるのは現実的に非常に難しく、管理する側の負担が大きすぎるので、早い判断が求められます。

さもなければ、マネジメント側が疲弊して壊れてしまうリスクがあります。相手から100%の愛を求められると、疲弊度合いは相当なものでしょう。

少なくともこのタイプの人に罪悪感を抱く必要はありません。依存先を探しているだけなので、うまく付き合わなくてもいいのではないでしょうか。


ただ、虚言癖があるため、会話履歴などをメモしておく、録音をしておくなど、労基への駆け込みやネットへの書き込みの対策は必要です。

人を引きずり下ろして自分のしあわせを得る、いわゆる「Lose-Lose」に持ち込もうとするので、大切なのは、相手をする側がひとりで抱えないことでしょう。

そのようなタイプと割り切って、対策をしたうえで気にしないようにしましょう。

「自分がいる場所ではない」と思ったらすぐにいなくなります。あまり揉めないようにしながら、いなくなるようにうまく持っていくのが最善の方法です。

心に傷を負っている人は、マネジメントによって簡単に変わる相手ではないと考えたほうがいいかもしれません。

Z世代に自発的に動いてもらいたいときは

——将来のゴールを聞いてみる

Z世代は「受け身」の人が多いと、一般的には言われています。

わたしも、「たしかにそうかもな」と思うことがあります。

自発的に動けない人は、何かしらのマインドブロックが原因で受け身になっているケースが多いように感じます。

自分で考えて動いたのに「余計なことをするな」と言われてしまったことが原因

で、自発的に動かなくなった人が少なからずいるのではないでしょうか。

たとえば学校で、「お前、調子に乗るなよ」と言われたら、自分から動くことをためらうようになるかもしれません。


自分から率先して動く人は、実際にリーダー経験があるのではないでしょうか。

そして、自ら動いたことでまわりから評価された成功体験があるから、その後も動き続けることができているはずです。


一方で、自分から動けない人は、たとえば「お前はリーダーには向いていない」と言われたり、リーダーを見て「難しそうだし、大変そうだ」と思ったり、自発的に動いている人から愚痴を聞いたりした経験から、「そこまでして自分から積極的に動くのは面倒だ…」と思っているのかもしれません。

こういった思いを抱いていると、マインドブロックがかかっ

受け身の人は
マインドブロックが
かかっている…

た状態に陥ってしまいます。

たしかに、自分から率先して動くことで、できることの幅は広がるかもしれません。ただ、わたしは「すべての人が自発的に動いたほうがいい」とは考えていないのです。**人には向き不向きがあります。ただ淡々と物事をこなす人の存在も必要ですし、続けていけることは、素晴らしいと思いませんか？** とくにわたしは淡々と物事を持続させていくことができないタイプなので、できる人のことを率直に「すごいな」と思います。

自発的に動くよりも、言われたことを黙々とこなすほうが得意な人はいます。クリエイティブな仕事や企画、営業のような外交的な仕事に就いている人なら自発的に動いてほしいところですが、社内の人全員が自発的でなくても組織は成り立ちます。

各々に向いている仕事をしてもらえばいいのです。つらい思いをしながら、無理に自発的になろうとするほうが、ストレスがかかりますし、うまくいかないかもしれません。

ただ、自発的に動けない理由が、「自分の展望が見えない」「自分の仕事を増やしたくない」といったものなら、わたしは、「将来どうなりたいの？」「お給料を増やしたいと思わない？」といった投げかけをします。マイナスの理由ばかりでは、やはり成長が見込めないからです。

ですから、「将来どれくらい稼ぎたくて、どれくらいのお金を手元に置いておきたいのか」という、その人のゴール設計をきちんと聞いてあげましょう。

女性なら、「結婚したら、寿退社したいです」と言う人もいれば、「結婚しても、スキルを身につけて自分でできるようになりたいです」と言う人もいます。

どう考えているのかは、聞いてみないとわからないものですから、定期的にZ世代の将来のゴールを尋ねてみてほしいのです。

相手に聞いてみないと
わからないもの

Z世代に将来を思い描いてほしいときは

——一緒に将来を考えてあげる

Z世代のメンバー本人が「将来はもっとお金を得たいし、クリエイティブな仕事をしていきたい」と思っているのに動けていないのなら、どこにブロックがあるのかを一緒に見つけて、改善してもらうことが大切です。

一方で、その人の将来の目的と合っていない場合は、向いている仕事をさせたほうがいいのではないでしょうか。

実際、Z世代の人たちのなかには「将来の目標がない」という人も少なくありません。じつはわたしも、以前はまったく想像ができませんでした。

ところが、考えられなかったのは外的要因がとても多かったことを、最近になって気づいたのです。

その外的要因は、「いまは仕事が忙しい」「これだけ仕事をしなければいけないから、無理だ」といったものです。

人の願望の根底には、「仕事をせずにお金がほしい」というものがあるとわたしは思っています。でも、好きなことだけをしていきたいとただ願っていても、それは無理なことですよね。

FIRE（Financial Independence, Retire Early：早期リタイア）に向かってがんばっている人がたくさんいるのは、その証拠でしょう。

ただ、いますぐに好きなことだけできる生活は実現しませんよね。

そこで、実現するにはどうすればいいか、かなり考えた結果、わたしは「いまできること」のなかで「したいこと」に目を向けるようになり、仕事以外何も思いつかなくなってしまったのです。ほしいものや欲も何もない状態です…。

もともとおいしいものを食べるのが大好きなのですが、おいしいと感じられるものなら何でもいいと思っていました。

ところが最近になって、素敵な方々と出会うなかで価値観が大きく変わりました。とてもおいしいごはんを毎日食べたい。したことがない体験をもっとしたい。

わたしはそんな性格なのだと、いまになって気づいたのです。

これからは、食事も旅行もアクティビティも、どんどん新しい体験をしたいと思っています。

いい意味でも悪い意味でも、目の前のことにとらわれすぎて、自分を後回しにして、「本当にしたいこと」に気づけない。

そんなわたしのようなZ世代が、とても多いのではないでしょうか。

できればそこをしっかりと汲みとってあげて、その人のしたいことを一緒に探してあげることができたら、相手はもっとコミットしてくれますし、関係がもっと深くなるはずです。

本当は夢があるのに、「自分には夢がない」と思い込んでいるZ世代も多いでしょう。

でも、夢は持っているはずです。

「お金に困らず、一生好きなことだけをしていいよ。働かなくても毎日お金が入ってくるよ。こんな環境に置かれたら、何がしたい？」

と聞けば、出てくるのではないでしょうか。

相手の好きなことやしたいこと、将来の目標を一緒に考え、もっと自発的に動く理由をつくってあげられたらいいと思いませんか。

わたしたちよりもずっと知識があり、経験豊富な先輩の方々とお互いに歩み寄り、そしてわたしの大切な姪っ子が大人になったとき、「いい時代にしてくれてありがとう」と言ってもらえたなら、本当にしあわせだと思うのです。

おわりに

本書を最後までお読みいただき、ありがとうございました。

Z世代への理解が深まったでしょうか？

現在、心を病んでしまう同年代の人たちがとても増えているように感じています。

わたしも、中学生の頃に摂食障害になったことがあります。

そこまでには至らなくても、生きづらさを感じたり、自分の存在価値を見出せない若者が増えているのは、悲しいことです。

先日友人から、

「子どもはお金持ちしか持てない」

と言われて、衝撃を受けました。

また、最近はさまざまな友人から転職や人生の相談を受けることが増えているのですが
「お給料が少なくて、このままでは生活していけない」

「転職はしたいけれど、結局一歩が踏み出せない」

といった悩みを聞くことが多く、

「もうこの程度でいいや」

「こんな人生でも別にいい」

と考えてしまっているのを感じます。

選択肢が増えたことによって、同じZ世代のなかでも二極化が進み、現実が両極端に分かれています。
自分で会社を立ち上げたり、独立してフリーランスとして活躍したりする人たちがいる一方で、格差を感じ、劣等感にさいなまれる人も少なくありません。
姪っ子が生まれたときに、わたしがはじめて実感した気持ちがあります。

それは、「わたしはもう若い世代ではないな」という感情です。

若い世代ではありますが、

「目上の方々にわたしたちを応援してくださるようお願いするだけではいけないな。姪っ子の目に映る世界が、これまでより少しでも美しくなってほしいな」

と思ったのです。


まだそれほどたくさんのものを見られるわけではない1歳の姪っ子が、この世界や社会をしっかりととらえたときに、現在よりももっと生きやすくなっていてほしい。考える道筋がたくさんあってほしい。

そして、**自分で物事を考えることがどれだけ尊く、大切なことなのか、しっかりと理解してもらえるような、そんな世の中にしていきたい**。


人を変えたいというわけではなく、このようなことが当たり前の社会になるお手伝いを少しでもできればいいな、と願っています。

もちろん、すべてを丸ごと変えられるとは思っていません。

微力ではありますが、世代間の橋渡しをしていくのが、いまのわたしにできることです。

これからますます世の中は変わっていくでしょう。

ＡＩがさらに進化し、必要な人材も絞られ、必要なもの・不要なものの選別はさらに進んでいきます。

でも、命は絶対に必要なものであり、それ以上に大切なものはありません。

時代が変わっても、そこだけは変わらないでしょう。

大切な命の使い方を自分で見つけられるような道筋を見つけ、環境や教育に落とし込んでいくことが、わたしがこれから残していけるものではないかと考えて、活動していきます。

これからわたしが具体的に取り組んでいきたい活動は、企業と20代の新卒・若手社員の採用のミスマッチを減らすための研修をはじめとした企業サポートです。

経営者の方々から見ると、若手層が何を考えているかわからない部分もたくさんあると思いますが、その穴を埋めていけるはずです。

若手層の採用や育成の悩みを一緒に解決することで、若者が活躍できる場をもっと増やしたい企業のお役に立てればと思っています。

Z世代が活躍できる企業が増えれば、働きやすい職場が増えるでしょう。

そんな企業であれば、わたしも心から応援して若手の人材を紹介することができます。

仕事で悩んでいたり、転職の相談を受けたりするなかで、Z世代が働きやすい企業を紹介できれば、双方がしあわせになれます。

研修やコンサルティングを通じて、企業とZ世代を中心とした若い世代の人たちとの橋渡しを行い、しあわせな人たちが少しでも増えれば、本当にうれしく思います。

そのためにも、インフルエンサーとしてもっともっと知名度を上げていきます。

ぜひＩｎｓｔａｇｒａｍやＴｉｋＴｏｋをご覧ください。

そして、コメントもお待ちしています。

企業の方々の生の声を、もっともっと聞かせてくださいね。

最後に、本書はたくさんの方々との縁によって生まれました。

出版の縁をつないでいただいた秋山剛さん、星野書房代表の星野友絵さん、牧内大助さん、Z世代アンケートにご協力いただいたりょーたくんと、溝部ひかるちゃんに、心から感謝申し上げます。

世代を超えてわかり合える世の中になりますように。

2024年1月　白附 みくる

書籍スポンサー

Z世代の活躍推進に賛同いただいている企業をご紹介します。

- 一般社団法人 大人のインフルエンサー協会
  個人や企業のSNS集客・認知・ブランディング
  https://otona-in.com/

- Laugh Place株式会社
  日本おそうじ代行
  https://laughplace.co.jp

- 株式会社GOKAN
  映像制作・ブランディング
  https://gokan-inc.jp

- 株式会社アイダックデザイン
  Webデザイン・会社案内制作
  https://www.aidac.co.jp/design/

アンケート協力

３章のＺ世代アンケートに協力いただいたインフルエンサーたちです。

● りょーた
https://www.instagram.com/ryota_926?igshid=OGQ5ZDc2ODk2ZA==

● 溝部ひかる
https://www.instagram.com/hikaru_mizobe?igshid=OGQ5ZDc2ODk2ZA==

【著者紹介】

白附 みくる（しらつき・みくる）

株式会社OMOCHI代表取締役

2000年大阪府生まれ。14歳からTwitter上でインフルエンサーとして活動し、18歳のとき、1年間のワーキングホリデーにてオーストラリアでの着物販売を経験。
19歳で日本へ帰国した後、海外向け着物レンタル・個人着付け師として独立。好評を博すも、コロナの影響で撤退することに。その後就職し、エステサロンの商品開発・マーケティング部で企業のSNS運用担当者として勤務。多様性に富んだZ世代の部下たちを抱えながら、チームとして大きな成果をあげ、2022年にSNS運用代行コンサルタントとして独立。これまで、のべ5,500名以上にSNSセミナーを実施。企業研修やスクール事業運営、専門学校講師など、幅広い役割を担う。
2023年に株式会社OMOCHIを創業後は、Z世代ならではの視点と発想で、企業向けにSNS運用からマーケティングまでのトータルサポート事業を展開している。TikTokのフォロワーは、開始3ヵ月で2万5000人を突破。

『Z世代《ぜっとせだい》の取扱説明書《とりあつかいせつめいしょ》 Z世代社長《ぜっとせだいしゃちょう》が語《かた》るリアルな本音《ほんね》』

2024年1月26日 第1刷発行 〈検印省略〉

著　者—— 白附 みくる（しらつき・みくる）
発行者—— 星野 友絵

発行所—— 星野書房
〒107-0062 東京都港区南青山5丁目11-23-302
電　話　03(6453)9396 ／ FAX　03(6809)3912
URL　https://silas.jp
E-mail　info@silas.jp

発　売—— サンクチュアリ出版
〒113-0023　東京都文京区向丘2-14-9
電　話　03(5834)2507 ／ FAX　03(5834)2508
URL　https://www.sanctuarybooks.jp/
E-mail　info@sanctuarybooks.jp

印刷・製本　株式会社シナノパブリッシングプレス

 ISBN978-4-8014-8253-1　C0034